相続の仕事の現場で使える民法

弁護士法人
Y&P法律事務所
税理士法人
山田&パートナーズ 著

はじめに

「相続人の一人が行方不明なのだが，遺産分割はどうしたらいいのか？」

「相続対策のため養子縁組を考えているのだが，法律上気を付けるべき点はないか？」

　このような疑問は，相続対策や相続開始後の手続など，相続に関係する業務を行っている方であれば，比較的すぐに直面する疑問ではないかと思います。しかし，これらを調べようとして書籍などを探しても，不在者財産管理人や失踪宣告，養子縁組といった民法上の制度に関する解説は数多く出てくるものの，業務を行っている方自身に直接役立つような情報はなかなか発見することができない，というのが実情ではないでしょうか。

　本書は，このような問題意識を背景に，個人を顧客として資産管理業務を行っている金融機関担当者の方や，相続実務に携わる機会のある弁護士・司法書士の方，資産税を中心に業務を行っている税理士の方などを対象に，「これが知りたかった」と思ってもらえるような事例を集め，解説しています。

　事例を集める際には，執筆者全員で何度も打ち合わせを重ね，特に質問が多い問題点を抽出した上で，合計40個の事例を作成しました。また，完成した原稿を持ち寄って，全ての事例について，法務面・税務面双方から入念に検討を行い，よりわかりやすい表現となるよう工夫しました。

　上記の本書の対象者のうち，これから相続に関係する業務を担当することになったが，自分はまだ基本的な知識がない，という方であれば，Q1から順に読み進めていただければ，相続の基本→相続対策→相続開始後の手続と，相続実務のプロセスに従って民法上の制度と相続手続の実務を理解することができます。また，特に資産家の方の相続にあっては相続税の観点を無視して手続を進めることはできませんので，本書は相続税の解説もできるだけ多く織り交ぜ，基本的な税務の知識も身に付けることができるようになっています。

　他方で，民法の知識はだいたい頭に入っているが，どのように実務を進めて

いくかわからない，という方であれば，目次から興味・関心のある事例を必要な部分だけ拾って読んでいただいても問題ありません。そのような読み方でも，実務で直面して悩むような問題点について，効率的に，実務に根ざした知識を身につけられます。執筆する際には，各事例の処理に必要となる各制度の説明だけにとどまることなく，実際の手続を進める立場からの視点で解説することを心がけていますので，「これが知りたかった」と思っていただけるのではないかと思います。

加えて，事例による解説の中には，近年急激に関心が高まっている信託や，国際化の進展で増えつつある国際相続といった最新の実務上の論点についても説明を行っています。

なお，平成30年1月現在，相続法の改正が議論されており，今国会で民法改正法案が提出される模様です。改正が議論されている点については，「相続法改正の動向」として簡単に説明していますが，本書の内容は，基本的には平成30年時点で施行されている現行の民法等の制度の解説である点はご留意ください。

末筆になりましたが，本書の企画から発刊まで多大なご尽力をいただきました税務経理協会の吉冨様にこの場をお借りして深く御礼申し上げます。

平成30年1月

弁護士法人Y＆P法律事務所

税理士法人山田＆パートナーズ

執筆者一同

CONTENTS

第1章　相続の基本

1　相続の基本
- Q1　相続手続の概要　3
- Q2　遺産分割の基本的な手続　10
  - STEP UP　預貯金の遺産分割　15

2　相続人・相続分の確定
- Q3　半血兄弟がいる場合の法定相続人　17
  - STEP UP　非嫡出子（法律上の婚姻関係にない男女の間に生まれた子）の法定相続分の改正－非嫡出子法定相続分違憲判決－　21
- Q4　養子の実子の取扱い　22

第2章　生前の対策

1　相続対策の検討
- Q5　教育資金一括贈与の民法上の問題点　27
- Q6　相続対策としての養子縁組　35

2　遺言の作成
- Q7　自筆証書遺言を作成する場合　42
  - STEP UP　【相続法改正の動向】自筆証書遺言の方式緩和　50
- Q8　公正証書遺言を作成する場合　51
- Q9　財産を継ぐ後継者を決めておきたい場合　57
- Q10　遺言で税務の観点を考慮する必要性　62

3 特殊な事情が存在する場合の対策

- Q11 親が認知症になってしまった場合　68
- Q12 相続人の一人に知的障害がある場合　74
- Q13 財産を渡したくない相続人がいる場合　79
- Q14 相続における信託の有効な使い方　86
  - ----- STEP UP ▶ 信託と遺留分　92

第3章　相続発生後の対応

1 相続発生直後の対応

- Q15 相続放棄を行う場合　97
- Q16 限定承認を行う場合　105

2 相続財産の範囲

- Q17 名義預金の留意点　111
- Q18 死亡退職金や生命保険金の取扱い　117
  - ----- STEP UP ▶ 民法と相続税法における相続財産の相違　122
- Q19 保証債務の相続　123

3 遺産分割協議

- Q20 相続財産の評価方法　130
- Q21 特別受益が問題となる場合①　136
  - ----- STEP UP ▶【相続法改正の動向】配偶者保護のための方策　142
- Q22 特別受益が問題となる場合②　143
- Q23 寄与分が問題となる場合①　147
  - ----- STEP UP ▶【相続法改正の動向】配偶者の居住権を保護するための方策　152
- Q24 寄与分が問題となる場合②　154

　　　　　----- STEP UP ▶【相続法改正の動向】
　　　　　　　　　相続人以外の者の貢献を考慮するための方策　158

　　Q25　遺言がある場合の遺産分割協議　159
　　Q26　生命保険金が特別受益とされる場合　162
　　Q27　相続分の譲渡　167
　　Q28　生前贈与があった場合　172

4　遺言の執行

　　Q29　自筆証書遺言の検認　176
　　　　　----- STEP UP ▶【相続法改正の動向】
　　　　　　　　　自筆証書遺言に係る遺言書の保管制度の創設　178
　　Q30　自筆証書遺言の有効性　179

5　遺留分減殺請求

　　Q31　遺言作成者からみた遺留分　185
　　　　　----- STEP UP ▶「遺留分相当額を二男Eに相続させる」
　　　　　　　　　という内容の遺言　189
　　Q32　財産をもらえなかった相続人から見た遺留分　191
　　　　　----- STEP UP ▶【相続法改正の動向】
　　　　　　　　　遺留分制度に関する見直し　196
　　　　　----- STEP UP ▶二男Eに成年後見人がいた場合の
　　　　　　　　　成年後見人の義務　197
　　Q33　財産をもらった相続人から見た遺留分　198
　　　　　----- STEP UP ▶遺留分減殺請求権の時効　205

6　特殊な事情がある場合の相続手続

　　Q34　相続人が認知症の場合　206
　　Q35　相続人が行方不明の場合　212
　　Q36　相続人が未成年の場合　220
　　Q37　相続人が不存在の場合　224

第4章　国際相続

Q38　**国外の家族への贈与を行う場合**　231

　　　----- $\frac{\text{STEP}}{\text{UP}}$▶ 5年から10年へ　234

Q39　**海外財産がある場合**　236

　　　----- $\frac{\text{STEP}}{\text{UP}}$▶ 海外に財産を所有する方の相続対策　240

Q40　**外国籍の相続人がいる場合**　242

第1章
相続の基本

1 相続の基本

Q1 相続手続の概要

| 関連条文 | 民法 968 条，同 969 条，同 1004 条，同 897 条等 |

事例

父Aが先日亡くなりました。相続手続について，そもそも何をしたらよいのでしょうか。私の家族は，父A，母B（5年前に死亡），長男の私Cと長女D，二男Eの5人でした。

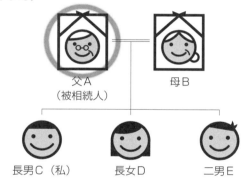

ポイント

① 相続が発生したら，まず遺言の有無を確認することが大切です。遺言がある場合，公正証書以外の遺言については検認手続が必要です。遺言がない場合には，相続人間で遺産分割を行います。
② 預貯金の払戻しや不動産の名義書換え等の遺言の執行は，遺言書に遺言執行者の記載がある場合以外，原則として相続人が遺言の内容に沿って行う必要があります。

③　相続財産になる財産・権利であっても，遺産分割の対象にならず，相続開始と同時に相続人が法定相続分に従って分割して承継するものがあるので注意しましょう。
④　所得税の準確定申告書の提出が必要な場合には，相続開始を知った日の翌日から4か月以内に提出をする必要があります。
⑤　相続税の申告書の提出が必要な場合には，相続開始を知った日の翌日から10か月以内に提出をする必要があります。

解説

１　相続手続の概要

(1)　はじめに

　相続人が被相続人の財産を相続によって承継する方法には，二つあります。一つは被相続人が相続の仕方（相続させる人や，どれだけ相続させるか等）について遺言という形で意思を表示している場合に，遺言によって処理される方法です。これを遺言相続といいます。もう一つは，遺言がない場合に，民法が定めたルールに従って相続の仕方が処理される方法です。これを法定相続といいます。遺言により，法定相続分（Q3参照）とは違う割合で相続をさせたり（もっとも，遺留分侵害が生じえます。Q31～Q33参照），相続人以外の者に財産を残したり（遺贈）することができます。また，遺言を実現させる者（遺言執行者）を指定することができます。

　遺言相続の場合と法定相続の場合とでは，相続手続が異なってきます。そこで，まず，遺言の有無の確認の仕方について述べたうえで，遺言がある場合とない場合のそれぞれの手続について見ていきます。

(2)　遺言の有無の確認の仕方（自筆証書遺言，公正証書遺言）

ア　自筆証書遺言（民法968条）の有無の確認

　　被相続人が相続人の知らないところで自筆証書遺言を作成している場合が

あります。自宅や入所していた施設，病院等の貴重品等を保管する場所に遺言が遺されている場合がありますので，確認してみましょう。貸金庫を契約している場合は，貸金庫内に遺言が遺されている場合がありますので，必ず確認するようにしましょう（Q7 参照）。

イ　公正証書遺言（民法 969 条）の有無の確認

公正証書遺言の形式で遺言を遺している場合には，作成した公証役場に原本が保管されています。この場合には，最寄りの公証役場に足を運んで，遺言検索システムを使うことにより，遺言があるか否か確認をすることができます（ただし，昭和 64 年 1 月 1 日以降に作成された公正証書遺言に限られます）。遺言検索システムを使用する際には，遺言を遺した人が亡くなったことを確認する除籍謄本，検索をする人が遺言を遺した人の相続人であることを確認する戸籍謄本と本人確認書類（印鑑証明書および実印等。代理人の場合はこれに加えて委任状）等が必要となります。これらの書類を揃えたうえで，公証役場を訪問しましょう（Q8 参照）。

(3) 遺言がある場合

ア　公正証書遺言以外の遺言の場合

公正証書を除くすべての遺言書については，その保管者や発見した者は，相続の開始を知った後，遺言書を家庭裁判所に提出して，検認手続を経なければなりません（民法 1004 条 1 項，2 項。Q29 参照）。

検認手続は，遺言書の現状（方式・記載等の外部的状態）を明確にして，遺言書の変造・隠匿を防止するための手続です。検認手続は，遺言が遺言者の真意に基づくかどうか，有効かどうかの実質的判断を行う場ではありません。

検認手続が終了すると，遺言書に検認済み証明書を添付したものが交付されます。公正証書以外の遺言については，金融機関における預貯金の払戻しや法務局での不動産の名義書換えといった遺言執行の際に，この検認済み証明書が必要になりますので，必ず検認手続を経るようにしましょう。

イ　公正証書遺言の場合

　公正証書遺言の場合には，検認手続を必要とせず，すぐに相続手続を開始することができます。

ウ　遺言書への遺言執行者の記載の有無

　遺言書に遺言執行者の記載がない場合には，基本的には，相続人が遺言の内容に沿って相続手続をしていきます。遺言書に遺言執行者の記載がある場合は，相続人に代わり遺言執行者が相続の手続および遺言の実現に向けた行為をしていきます。ただし，遺言執行者の記載のない場合でも，認知および相続人の廃除が遺言の内容になっているときは，遺言執行者の就任が必要となります（民法781条2項，893条）。

(4)　遺言がない場合

　遺言がない場合には，相続人間で遺産分割を進める必要があります（Q2参照）。遺産分割を進める方法として，まずは，（ⅰ）相続人間での話し合い（遺産分割協議）を行います。それでも協議が調わない場合，（ⅱ）家庭裁判所に調停を申し立てます。調停は，調停委員を間に挟んだ話し合いで，遺産の分け方について合意の形成を図る場です。合意に達せず調停が不成立で終了した場合には，（ⅲ）家庭裁判所での審判に移行します。審判は，「遺産に属する物または権利の種類および性質，各相続人の年齢，職業，心身の状態および生活の状況その他一切の事情」（民法906条）を指針に，特別受益（Q21・22参照）や寄与分（Q23・24参照）を踏まえた具体的相続分を基準として，家庭裁判所の審判官が遺産の分け方を決める手続です（Q2参照）。

2　相続財産についての基本的説明

(1)　相続財産になるもの

　相続が開始すると，被相続人の財産に属した一切の権利義務は，原則として，相続人がすべて承継します（包括承継，民法896条）。

　包括承継の対象となる「一切の権利義務」には，個別の動産・不動産などの

権利，債権・債務，財産法上の法律関係ないし法的地位（例えば，賃貸借契約上の貸主と借主の地位）なども含まれます。

(2) 相続財産に属さない財産・権利
以下のような被相続人の財産・権利があげられます。

ア 一身専属権（民法896条但書）
代理権（民法111条1項），使用貸借における借主の地位（民法599条），雇用契約上の地位（民法625条），組合員の地位（民法679条）などが該当します。また，民法その他に明文の規定こそありませんが，扶養請求権，財産分与請求権，生活保護に基づく保護受給権（ただし，一定額の給付権として具体化していた場合を除く）も一身専属権として，相続財産に属さないと考えられています。

イ 祭祀財産，遺骨
系譜，祭具および墳墓の所有権は，原則として，慣習に従って祖先の祭祀を主宰すべきものが承継します（民法897条但書）。遺骨も同様です（最判平成元年7月18日）。

ウ 香典
香典は，遺族へのなぐさめ，葬儀費用など遺族の経済的負担の軽減等を目的とする，祭祀主催者や遺族への贈与であり，これらの者の固有の財産と考えられます。したがって，相続財産には含まれません。

エ 被相続人の死亡によって生じる権利で，被相続人に属さない権利
死亡退職金や生命保険金請求権等が該当します。これらの権利は，相続人の死亡を原因として発生する点で相続と類似しますが，他方で，個別の契約等の効果として受取人・受給者が取得するものですから，原則として相続財産に含まれないと考えられます（Q18参照）。

(3) 債務
ア 債務の承継
債務は，一身専属でないものについては，相続開始時において履行期（債務を弁済すべき時期）が到来しているか否かを問わず，包括承継の対象とな

ります。ただし，通常の金銭債務は，遺産分割の対象とならず，相続開始と同時に，法定相続分に従って当然に分割されます。

　イ　連帯債務

　相続債務が連帯債務の場合にも，相続開始と同時に，法定相続分に従って当然に分割され，各共同相続人は，その相続分に応じて債務を承継し，その承継した範囲内で本来の債務者とともに連帯債務者となります（最判昭和34年6月19日）。

　ウ　保証債務

　被相続人が負担していた保証債務の内容によって，保証債務が相続人に承継されるか否か，結論が違ってきます（Q19参照）。

3　本事例の場合

　本事例では，父Aが遺言を遺したか否か分からない場合には，まず遺言を探しましょう。公証役場で公正証書遺言の有無を確認し，貸金庫や仏壇等，遺言が保管されていそうな場所も確認しましょう。

　公正証書遺言以外の遺言が確認できた場合には，家庭裁判所で検認手続を行いましょう。検認手続は，遺言が有効かどうか等の実質的判断を行うものではありませんが，検認手続を経ないと，預金の払戻しや不動産の名義書換えができなかったり，遺言の執行段階で重大な支障が生じる可能性があるので，必ず行いましょう。

　父Aが遺言を遺していなかった場合には，相続人である私C，長女D，二男Eの3人で遺産分割を行うことになります。遺産分割は，長女Dまたは二男Eが遺産の分け方についての話し合いに全く応じない態度を示している等の事情がない限り，相続人間の話し合いである遺産分割協議からはじめましょう。

4 税務上の取扱い

(1) 所得税

　確定申告をしなければならない人が確定申告書を提出せずに亡くなった場合，その年の所得税について，確定申告書を提出しなければなりません。

　この申告は準確定申告と呼ばれており，相続人の連名により提出をしなければなりません。

　申告・納付は，相続開始を知った日の翌日から4か月以内に行う必要があります。なお，還付等を受けるための申告書は，相続開始を知った日の翌日から5年間が提出することができる期間となります。

　申告書の提出先は，死亡したときの被相続人の納税地（住所地）を所轄する税務署長となります。

(2) 相続税

　相続税の課税価格の合計額が相続税の基礎控除額（3,000万円＋600万円×法定相続人の数）を超える場合には，遺産を取得した各相続人等は相続税の申告をしなければなりません。

　相続税の申告書の提出期限は，相続開始があったことを知った日の翌日から10か月以内です。

　相続税の申告書の提出先は，被相続人が死亡した時の住所地を所轄する税務署長です。なお，相続税の申告書は，申告義務者の各人が各々提出するのではなく，同一の被相続人から相続または遺贈により財産を取得した者が共同で提出することができます。

　相続税の納付方法は，原則として金銭一括納付です。ただし，相続税の場合，相続による財産承継に課税を求めるという性格上，換金可能な財産が少ない場合でも多額の相続税がかかり，相続財産を売却しなければ納税資金が確保できないというケースが考えられます。金銭一括納付が困難な場合は年賦による延納，年賦延納によっても金銭による納付が困難な場合には取得した財産により納付する物納という納付方法が認められます。

> 1　相続の基本

Q2　遺産分割の基本的な手続

| 関連条文 | 民法898条，同899条，同906条 |

事例

　父Aが先日亡くなりました。その相続財産は自宅（5,000万円）と預貯金4,000万円だけです。相続人は長男である私C，長女D，二男Eの3名です。自宅は長男である私Cが住んでいるので，今後も住み続けたいと思っていますが，弟たちは不公平だといって譲りません。どうしたらよいのでしょうか。

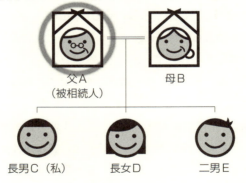

ポイント

① 遺産分割は，相続人が死亡時に有していた財産（遺産）について，個々の相続財産の権利者を確定させる手続です。
② 遺産分割を進める方法として，まずは，（ⅰ）相続人間での話し合い（遺産分割協議）を行います。それでも協議が調わない場合，（ⅱ）家庭裁判所に遺産分割調停もしくは（ⅲ）遺産分割審判を申し立てます。

③ 相続税の申告書の提出期限までに，遺産分割協議が調っていない場合であっても，その分割が決まっていない相続財産を民法の規定による法定相続分又は包括遺贈の割合に従って取得したものとして相続税額を計算し，申告納税をしなければなりません。

解説

1 遺産分割の意義

複数の相続人（共同相続人）がいる場合には，各相続人は相続財産を法定相続分に応じて共有しています（民法898条，899条）。この共有関係は分割されるまでの暫定的な法律状態にすぎません。そこで，個々の相続財産について，これを各共同相続人の相続分や実情に応じて適切に配分し，各相続人の単独所有にする等最終的な帰属を確定する必要がありますが，その総合的な分配手続を遺産分割といいます。

2 遺産分割を進める方法

遺産分割を進める方法としては，（ⅰ）共同相続人の協議による分割，（ⅱ）家庭裁判所において調停を成立させたことによる調停分割および（ⅲ）家庭裁判所による審判分割があります。

(1) 遺産分割協議

遺産分割は，被相続人が遺言で禁じた場合を除き，いつでも共同相続人の協議で行うことができます。遺産分割協議の中では，法定相続分にとらわれずに共同相続人間で自由に遺産の分け方を取り決めることができます。したがって，共同相続人全員が合意すれば，相続財産の全てを一人の相続人が相続し，残りの相続人は何も相続しない（事実上の相続放棄。ただし債務については法定相続分に応じて承継します）という取り決めを行うことも可能です。

(2) 遺産分割調停・審判

共同相続人の協議が調わない場合は、家庭裁判所に調停を申し立てます。調停は、調停委員を間に挟んだ話し合いで、遺産の分け方について合意の形成を図る場です。合意に達せず調停が不成立で終了した場合には、家庭裁判所での審判に移行します。審判は、「遺産に属する物または権利の種類および性質、各相続人の年齢、職業、心身の状態および生活の状況その他一切の事情」（民法906条）を指針に、特別受益（Q21・22参照）や寄与分（Q23・24参照）を踏まえた具体的相続分を基準として、家庭裁判所の審判官が遺産の分け方を決める手続です。遺産の一部についてのみ、調停や審判をすることもできます。

3 遺産分割の具体的方法

具体的な分割方法として、（ⅰ）遺産を現物で分割する現物分割、（ⅱ）特定の相続人が遺産を取得し他の相続人に対し代償金を支払う代償分割、（ⅲ）遺産を売却等で換金した後に対価を分配する換価分割および（ⅳ）相続財産の全部または一部を相続人中の数人ないし全員の共有とする共有分割があります。遺産分割協議においては、いずれの分割方法も選ぶことができます。審判の際は、家庭裁判所は、どの分割方法を選ぶかについて、遺産の意義・物の性質・相続人らの生活等、諸般の事情を考慮して決定します。

4 本事例の場合

本事例では、まず、私C、長女D、二男Eの間で、遺産分割協議を行うことになります。分割協議が調わない場合には、家庭裁判所に調停の申立をします。調停を経ず審判を申し立てたときにも、まずは家庭裁判所での話し合いである調停に付される場合が多いです。調停では、第三者である調停委員が申立人と相手方のそれぞれから、どのような遺産分割を望むのかを聴き取り、話し合いで合意を形成する途を探します。調停は、全員の合意が第一ですから、私C、

長女D，二男Eそれぞれの法定相続分（(5,000＋4,000)×1/3＝3,000（万円））にとらわれずに，分割内容，方法を詰めていきます。本事例では，例えば私Cが自宅を取得し，預金を長女Dおよび二男Eで分ける（現物分割）という内容の調停を成立させることもできます。長女Dおよび二男Eが預金だけでは2,000万円ずつしか取得できず自分たちの法定相続分3,000万円に及ばないので，配慮して欲しい旨希望するならば，私Cが自分の固有の財産から長女Dおよび二男Eにそれぞれ1,000万円ずつ渡す（代償分割）方法によることもできます。また，私Cが代償金を支払う能力がなければ，自宅を売却して売却代金と預金を合わせて3人で3,000万円ずつ分割する（換価分割）という方法をとることもできます。

いずれの方法でも合意に至ることができなければ，調停は不成立となり，家庭裁判所の審判によることとなりますが，そのときは，「遺産に属する物または権利の種類および性質，各相続人の年齢，職業，心身の状態および生活の状況その他一切の事情」（民法906条）を指針に，具体的相続分を基準として，家庭裁判所の審判官が遺産の分け方を決めることになります。

実務上は，現物分割と代償分割を組み合わせて審判することが多いですが，当事者の意向などを考慮して，共有分割の方法を採用した審判例は少なくありません。

5 税務上の留意点

(1) 相続税の申告期限までに遺産分割協議が調わない場合

相続税の申告書の提出期限（相続の開始があったことを知った日の翌日から10か月以内）までに，遺産分割協議が調っていない場合であっても，その分割が決まっていない相続財産を民法の規定による法定相続分又は包括遺贈の割合に従って取得したものとして相続税額を計算し，申告納税をしなければなりません。

なお，配偶者に対する税額の軽減や小規模宅地等の特例などの適用を受ける

遺産が未分割の場合，これらの規定の適用を受けることができません。ただし，申告期限から3年以内（3年以内に分割されなかったことについてやむを得ない事情がある場合に納税地の所轄税務署長の承認を受けたときは，その遺産が分割できることとなった日の翌日から4か月以内）にこれらの特例を受ける遺産が分割されたのであれば，これらの特例の適用を受けることができます。

(2) 代償分割と相続税

本事例において，私Cが自宅5,000万円を取得し，長女Dおよび二男Eが預金だけでは2,000万円ずつしか取得できず自分たちの法定相続分3,000万円に及ばないので，私Cが自分の固有の財産から長女Dおよび二男Eにそれぞれ1,000万円ずつ渡す方法による場合，遺産分割協議書に私Cが相続財産である自宅を取得する代わりに長女Dおよび二男Eに現金等1,000万円ずつを渡す旨を記載すれば，その代償により交付した金銭については遺産分割の一環であるとされ（代償分割），贈与税の対象とはなりません。

代償分割が行われた場合の代償財産の課税価格の計算方法は相続税法基本通達11の2-9により以下のとおりに計算をします。

・代償財産の交付を受けた者
　課税価格＝相続または遺贈により取得した財産の価額＋取得した代償財産の価額
・代償財産の交付をした者
　課税価格＝相続または遺贈により取得した財産の価額－交付した代償財産の価額

本事例での相続人3名の相続税の課税価格は，私Cについては自宅5,000万円を取得し，長女Dおよび二男Eにそれぞれ金銭を1,000万円ずつ渡したので，5,000万円－1,000万円－1,000万円＝3,000万円，長女Dおよび二男Eは，預金2,000万円＋取得した代償財産である金銭1,000万円＝3,000万円となります。

(3) 換価分割と譲渡所得税

換価分割の対象となった相続財産が譲渡所得の基因となる財産である場合には，譲渡所得の課税がなされます。

なお，その資産の譲渡が相続開始のあった日の翌月から相続税の申告期限の翌日以後3年を経過する月までにされた場合には，譲渡所得の計算上，取得費加算の特例の適用があります（租税特別措置法39条）。

> **STEP UP　預貯金の遺産分割**
>
> 　相続財産に預貯金がある場合，当該預貯金等の金銭債権は，相続開始と同時に法定相続分に応じて分割され，当事者の合意がない限り，遺産分割の対象とならないと考えられてきました（最判昭和29年4月8日，最判平成16年4月20日等）。遺産分割調停や審判でも同様の考え方が採用され，相続人の一人でも預貯金を遺産分割調停や遺産分割審判の対象とすることに反対した場合には，預貯金は遺産分割調停や審判の対象とならず，相続人は金融機関に対して個別に法定相続分相当額の預金の払戻しを請求する必要がありました（一方で，相続人からの個別の払戻しに即座に応じない金融機関も存在していました）。しかし，このような考え方を貫くと，寄与分（Q23・24参照）や特別受益（Q21・22参照）が存在する場合，預貯金も含めて遺産分割を行った方が相続人間の実質的公平がより図られるにもかかわらず，それができないという問題点が指摘されていました。
>
> 　このような問題点を背景に，先日，最高裁は，普通預金債権，通常貯金債権，定期貯金債権につき，相続開始と同時に当然に相続分に応じて分割されることなく，遺産分割の対象となる旨判断し，従前の判例を変更しました（最決平成28年12月19日）。その結果，預貯金であっても，遺産分割の対象とすることができるようになりました。もっとも，一方で，金融機関は，遺産分割協議が成立していない局面における相続人からの法定相続分相当額の払戻しを認めなくなりました。すなわち，遺言がない場合に相続財産である預貯金の払戻しを行うためには，全相続人全員の署名押印がなされた遺産分割協議書（または金融機関指定の手続書類）の提出が不可欠となり，相続税申告や相続債務・葬儀費用の支払いのため，一部の相続人だけが金融機関から法定相続分相当額の払戻しを受けることはできなくなりました。どうしても緊急の払戻しが必要な場

合は，仮分割の仮処分という手続を家庭裁判所に申立てし，許可を得ることが必要となりました。

　なお，相続法改正の議論においては，家庭裁判所の判断を経ないで一定額の預貯金の払戻しを認める制度も提案されています。

2 相続人・相続分の確定

Q3 半血兄弟がいる場合の法定相続人

関連条文	民法817条，同887条，同889条，同890条，同891条，同892条，同893条，同900条

事例

　私Cは父Aの再婚後の子で，父Aには前妻Fとの間の子Dがいます。父の前妻の子Dは，一度しか面識はないですが，先日Dが亡くなったと聞きました。Dは未婚で，子もいません。既にその親（前妻Fと父A）は亡くなっています。私CとDはほとんど面識がないにもかかわらず，自分がDの相続人だと聞いたのですが本当でしょうか。

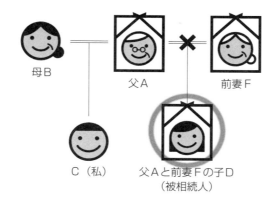

ポイント

① 遺言がない場合，被相続人の財産は，民法に定められたルール（法定相続分）に従って相続されます。

② 私Cは，父Aと前妻Fの子Dの兄弟にあたりますので，Dに子及び両親が

第1章　相続の基本　　17

いない以上，私CがDの相続人となります。

解説

❶ 法定相続人の基本的説明

(1) 遺言相続と法定相続

　被相続人の財産を相続人が相続によって承継する方法には，二つあります。一つは被相続人が相続の仕方（相続させる人や，どれだけ相続させるか等）について遺言という形で意思を表示している場合に，遺言によって処理される方法です。これを遺言相続といいます。もう一つは，遺言がない場合に，民法が定めたルールに従って相続の仕方が処理される方法です。これを法定相続といいます。後者の場合に，民法が定めたルールに従って決まる相続人を法定相続人といい，法定相続人が相続する割合のことを法定相続分といいます。

(2) 法定相続人の範囲

　法定相続人となりうるのは，（ⅰ）被相続人の配偶者，および（ⅱ）被相続人と法律上，血のつながりがある者です。前者を配偶者相続人といい，後者を血族相続人といいます。

　ア　配偶者相続人

　　被相続人に配偶者がある場合には，配偶者は常に相続人となります（民法890条）。すなわち，配偶者は，血族相続人がいればその者とともに，血族相続人がいなければ単独で，相続人となります（民法887条，890条）。

　　なお，「配偶者」とは，戸籍でその存在を確認することができる法律婚の配偶者をいい，内縁配偶者は含みません。

　イ　血族相続人

　　被相続人と一定血族関係にある者は，その血のつながりによって相続人となります。これを血族相続人といいます。血族相続人には，下記（ⅰ）ないし（ⅲ）の順位があり，先順位の血族相続人がいない場合にはじめて，後順

位の血族相続人が相続人となります。先順位の血族相続人がいない場合には，先順位の相続人全員が相続開始前に死亡している場合のほか，相続欠格（民法891条）・廃除（民法892条，893条）によって相続権を失った場合や，相続放棄をした場合が当たります。

(ⅰ) 第一順位

　第一順位の相続人は，被相続人の子です（民法887条）。子には，養子縁組によって被相続人との間に法的親子関係が発生した子も含まれます。もっとも，普通養子は，実親および養親の双方の相続に関して子として相続権を有するのに対し，特別養子は，縁組によって実親の血族と親族関係が終了するので，実親の相続に関し子として相続権を有しません。また，子が，被相続人の死亡以前に死亡したり，相続欠格・廃除により相続権を失ったりした場合には，被相続人の子の子（孫）が，被相続人の子に代わって相続権を有します（代襲相続，民法887条2項）。

(ⅱ) 第二順位

　第二順位の相続人は，父母・祖父母等の被相続人の直系尊属です。直系尊属は，被相続人に子がいない場合に相続権を有します。直系尊属が複数いる場合（（例）父母と祖父母がいる場合）には，親等の近い直系尊属（（例）の場合は父母）のみが相続権を有します（民法889条1項1号但書）。被相続人が普通養子の場合には，実方および養方の直系尊属がともに相続権を有します。被相続人が特別養子の場合には，民法817条の9本文の適用により実方の直系尊属には相続権がありません。

(ⅲ) 第三順位

　第三順位の相続人は兄弟姉妹です（民法889条1項2号）。兄弟姉妹は，被相続人に子・直系尊属がいない場合に相続権を有します。兄弟姉妹が被相続人の死亡以前に死亡したり，相続欠格・廃除により相続権を失った場合には，兄弟姉妹に子がいれば，子が兄弟姉妹に代わって相続権を有します（代襲相続，民法889条2項）。

2　法定相続分の説明

　配偶者と第一順位から第三順位の血族相続人の組み合わせごとに，法定相続分は次のとおりになります。

　なお，下記（1）から（3）において，同順位の血族相続人が複数いる場合には，原則として，各血族相続人は，血族相続人のグループに割り当てられた相続分を均等に取得します（民法900条4号本文）。

（1）　配偶者と第一順位の血族相続人（子）の場合

　相続人が，配偶者と子の組み合わせになった場合には，それぞれの法定相続分は，配偶者が2分の1，子のグループが2分の1という割合になります（民法900条1号）。

（2）　配偶者と第二順位の血族相続人（直系尊属）の場合

　相続人が配偶者と直系尊属の組み合わせになった場合には，それぞれの法定相続分は，配偶者が3分の2，直系尊属のグループが3分の1という割合になります（民法900条2号）。

（3）　配偶者と第三順位の血族相続人（兄弟姉妹）の場合

　配偶者と兄弟姉妹の組み合わせになった場合には，それぞれの法定相続分は，原則として，配偶者が4分の3，兄弟姉妹が4分の1という割合になります（民法900条3号本文）。ただし，半血の兄弟姉妹（被相続人と，父母の一方のみを同じくする兄弟姉妹）がいる場合には，その者の相続分は全血の兄弟姉妹（被相続人と，父母の両方を同じくする兄弟姉妹）の半分となります（民法900条4号但書）。

3　本事例の場合

　本事例の場合，相続が開始した父の前妻の子Dは，未婚で子供がおらず，両親の父Aと前妻Fは既に亡くなっているので，第三順位の相続人として，Dの兄弟である私Cが唯一の相続人となります（民法889条1項2号）。

STEP UP 非嫡出子（法律上の婚姻関係にない男女の間に生まれた子）の法定相続分の改正－非嫡出子法定相続分違憲判決－

1 平成25年改正以前の民法900条4号但書

平成25年に改正される以前の民法900条但書（以下，「旧規定」といいます）では，嫡出でない子の相続分が，嫡出子の2分の1と規定されていました。この規定は，憲法14条1項の平等原則に違反するものでないかが長らく問題とされていましたが，最高裁は，民法が法律婚主義を採用していること等を理由に，旧規定が合理的理由のない差別とはいえず憲法14条1項に反するものとはいえないと判断し（最決平成7年7月5日），その後も合憲判断が維持されていました。

2 非嫡出子法定相続分違憲判決と旧規定の改正

ところが，最高裁は，平成25年9月4日の大法廷決定で，従来の判例を変更しました。最高裁は，昭和22年民法改正時から現在までの間に，子を個人として尊重し，その権利を保障すべきであるという考え方が確立されてきていること等を理由に，遅くとも平成13年7月当時においては，嫡出子と非嫡出子の法定相続分を区別する合理的根拠は失われていたとし，旧規定は「遅くとも平成13年7月当時において，憲法14条1項に違反していたものというべきである」と判断したのです。これを受けて，平成25年12月，旧規定は改正され（旧規定の前半部分（「嫡出でない子の相続分は，嫡出である子の相続分の2分の1とし，」）を削除），嫡出子と非嫡出子の相続分は同等となりました。

2　相続人・相続分の確定

Q4　養子の実子の取扱い

| 関連条文 | 民法727条，同809条，同810条，同818条 |

事例

　私Aには配偶者も子もいません。このたび，私は相続のことを考えて，Bと養子縁組を行いました。Bには妻Cと子D，子Eがいます。しかし，Bはつい先日亡くなりました。私が今後死亡した場合，Bの子Dは私の財産について相続する権利があるのでしょうか。また，私がBとの間で養子縁組を行った後に生まれたBの子Eについてはどうなるのでしょうか。

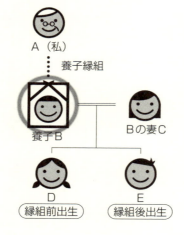

ポイント

① 　養子縁組前に出生した養子の子Dは，養親Aの孫（直系卑属）ではありませんので，私Aが死亡したときに代襲相続人にならず，相続権はありません。

②　養子縁組後に出生した養子の子Eは，養親Aの孫（直系卑属）となりますので，私Aが死亡したときに代襲相続人となり，相続権があります。

解説

1　養子とは

　養子は，血のつながりではなく，意思によって親子関係を発生させる制度です。養子制度は，古くは，祭祀・家の承継のための「家のための養子」から，養親の扶養，介護等をさせるための「親のための養子」，さらには，恵まれない子の福祉のための「子のための養子」という順に発達してきました。現代の我が国では，上記のような目的の養子に限らず，離婚後の再婚の際に行われる「連れ子養子」や，相続人を増やすことによる相続税の節約に充てるための「節税養子」というように，実にさまざまな目的で養子制度が利用されています。民法においては，普通養子と特別養子という二つの制度が規定されています。両制度の大きな違いは，前者が養子と実親との親族関係が継続するのに対し，後者は養子と実親の親族関係が断絶する点（民法817条の9）にあります。

　本稿の目的は，養子縁組と相続権に関する問題を取り扱うことにありますので，以下ではこの問題に関連する事項に絞って述べます。

　養子縁組により，「誰と誰の間に」「どのような権利義務関係が発生」するのかに着目して述べていきます。

2　養子縁組の効果

（1）　養親と養子の関係

　養子縁組によって，養親と養子の間には，養親子関係が発生します。養子は縁組の日から嫡出子（婚姻している父母から生まれた子）としての身分を取得します（民法809条）。したがって，親権（養子が未成年者の場合に限る。民

法818条2項），扶養（民法877条），相続（民法887条）等の権利義務について，血のつながった親子関係と同一の親子関係（養親子関係。養子縁組によって発生する血族関係を法定血族といいます）が創出されます（民法727条）。なお，養子は原則として養親の氏を称することになります（民法810条本文。Q6参照）。

(2) 養子と養親およびその血族との関係

養子縁組によって，養子と養親および養親の親族との間に，養子縁組の日から，血族関係（法定血族関係）が発生します（民法727条）。ここで，注意しなければならないのは，養子縁組によって，養子の親族と養親および養親の親族との間には血族関係が発生しないことです。養子縁組は，養親側（養方（ようかた）といいます）に養子だけを取り込む制度なのです。養子縁組前に養子に発生している身分関係は，養方には影響がありません。

3 本事例の場合

本事例では，養子縁組前に出生した養子の子Dは，養親Aの孫（直系卑属）ではありませんが，養子縁組後に出生した養子の子Eは，養親Aの孫（直系卑属）になります。したがって，養子が死亡し，その後養親が死亡しても，養子縁組後に出生した養子の子Eは養親Aの相続について代襲相続人になりますが，養子縁組前に出生した養子の子Dは代襲相続人にはなりません（民法887条2項但書）。

第2章
生前の対策

1　相続対策の検討

Q5　教育資金一括贈与の民法上の問題点

関連条文	相続税法21条の3，租税特別措置法70条の2の2，相続税法基本通達1の2－1，同21の3－4～3－6，民法903条

事例

　私Aの長男Cの子Fが医師を目指して医学部を受験しようとしています。私AはFが医学部を受験するための塾への授業料や無事に合格した場合の医学部の学費を援助するため，1,000万円をFに贈与したいと考えています。なお，私AがFにだけ学費の援助を行うことについて，長女Dと二男Eは不満を述べています。現時点では私の財産は1億円程度あります（上記1,000万円を含む）。Fへの贈与について，何か法律上の問題はないでしょうか。

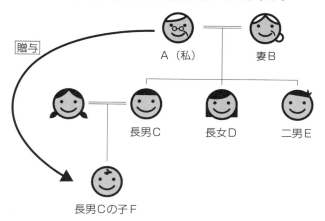

ポイント

①　本事例においては，問題はないと考えます。ただし，長男Cの子Fの教育

第2章　生前の対策　　*27*

資金として贈与することが明確となるように，「教育資金の一括贈与に係る贈与税の非課税措置」制度を利用することをおすすめします。

解説

1 教育費の非課税

(1) 概要

　贈与により財産を取得した者は，贈与税の申告および納税義務があります（相続税法1条の4第1項）。ただし，その年に贈与により取得したものの課税価格が基礎控除額である110万円以下の場合には不要です（相続税法21条の5，租税特別措置法70条の2の4）。

　また，贈与により取得した財産であっても非課税となるものがあります。その一つが，扶養義務者相互間において教育費に充てるためにした贈与により取得した財産のうち通常必要と認められるものです（相続税法21条の3第1項2号）。これは，教育費としてもらったものに税負担力がなく，課税することが国民感情にそぐわないために設けられた規定です。

(2) 本事例の場合

　前述の(1)でいう「扶養義務者」とは，贈与の時における配偶者，直系血族，兄弟姉妹に加えて家庭裁判所の審判を受けて扶養義務者となった三親等内の親族及び生計を一にする三親等内の親族をいいます（相続税法1条の2第1号，民法877条，相続税法基本通達1の2-1）。

　また，「教育費」とは，教育上通常必要と認められる学資，教材費，文具費等をいい，義務教育費には限られません（相続税法基本通達21の3-4）。そして，「通常必要と認められるもの」とは，被扶養者の需要と扶養者の資力その他一切の事情を勘案して社会通念上適当と認められる範囲の財産をいいます（相続税法基本通達21の3-6）。

　ただし，通達上，当該規定が適用される財産は，教育費として必要な都度直

接これらの用に充てるために贈与によって取得した財産とされています（相続税法基本通達21の3-5）。教育費の名義で取得した財産を預貯金した場合，または株式の買入代金もしくは家屋の買入代金に充当したような場合における当該預貯金，または買入代金等の金額は，通常必要と認められるものに当たらず当該規定による非課税とは取り扱われません（相続税法基本通達21の3-5）。すなわち，将来的に教育費として使用するであろう金額を一括で贈与して受贈者がそれを預貯金等した場合には，教育費という名目であっても当該規定による非課税とはなりません。

本事例の場合には，扶養義務者間における教育費の贈与ではありますが，必要な都度ではなく一括して1,000万円を贈与するため，当該規定による非課税財産とはされません。

2 教育資金一括贈与

(1) 概要

平成25年度税制改正により，「教育資金の一括贈与に係る贈与税の非課税措置」規定が創設され（租税特別措置法70条の2の2），平成25年4月1日以降の贈与から適用されています。これは，高齢世代（祖父母・親世代）から中間・若年世代（子・孫世代）への資産移転を促し，消費を活発化させることを目的としたものです。我が国においては教育資金の負担が重くなっているところ，人材育成に資することも目的となっています。

当該制度の概要は表1および図1のとおりです。

(表1)

受贈者	個人であって教育資金管理契約を締結する日において30歳未満の者
贈与者	受贈者の直系尊属
取扱金融機関等	①信託会社，②銀行等，③金融商品取引業者
贈与財産	①信託会社利用の場合：信託受益権 ②銀行等，③金融商品取引業者利用の場合：金銭等
非課税となる金額	1,500万円（受贈者1人当たり）※学校等以外の者に支払われる教育資金については500万円が限度
適用時期	平成25年4月1日から平成31年3月31日までの間

(図1)

取扱金融機関等別契約関係

①信託会社の場合

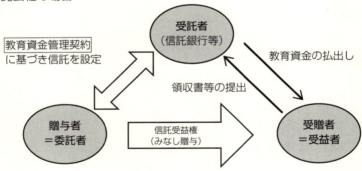

②銀行等の場合

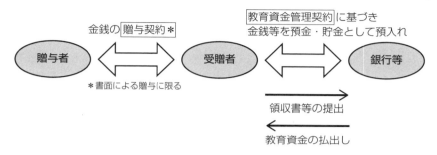

③金融商品取引業者の場合

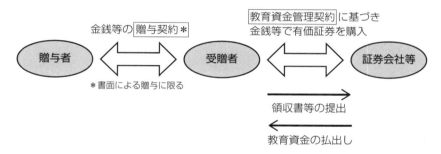

※ 「直系尊属から教育資金の一括贈与を受けた場合の贈与税の非課税に関するQ&A」（国税庁）の図を加工して作成（http://www.nta.go.jp/shiraberu/zeiho-kaishaku/joho-zeikaishaku/sozoku/130401/）

　図1をみると分かるように，信託会社を利用する場合には，贈与者が信託会社と「教育資金管理契約」に基づき信託を設定し，受贈者が信託受益権を贈与により取得するとみなされます。銀行等や金融商品取引業者を利用する場合には，受贈者が（ⅰ）贈与者との間で金銭等の贈与契約および（ⅱ）銀行等との間で「教育資金管理契約」の二つの契約を締結することとなります。以上のように，取扱金融機関によって異なる点がありますが，表1記載の基本的な事項には変わりありません。

　受贈者が30歳に達した日に残額があるときは，当該残額についてはその年

第2章　生前の対策　*31*

の受贈者の贈与税の課税価格に算入されます（租税特別措置法70条の2の2第11項，10項1号）。例えば，受贈者が20歳の時に当該制度により1,000万円の贈与を受けたものの，30歳に達した日に500万円の残額がある場合には，その年に受贈者が500万円の贈与を受けたものとして取り扱われます。この場合，贈与税の申告および納税が必要となる可能性があるため注意が必要です。

(2) 本事例の場合

本事例の場合には，長男Cの子Fが30歳未満であれば，平成31年3月31日まで，当該制度を用いることができます。なお，塾への授業料については，500万円までが非課税限度額です。

3 特別受益該当性

(1) 教育費と特別受益

特別受益とは，被相続人から共同相続人への「遺贈」，または婚姻もしくは養子縁組のためもしくは生計の資本としての「贈与」をいいます（民法903条1項。Q21参照）。ある相続人に特別受益がある場合，当該特別受益を相続財産に持ち戻し，その者の相続分から当該特別受益を控除した残額をもってその者の相続分とします。親が子に対し，教育費として贈与を行った場合，これが親の扶養義務の範囲を超える多額のものと認められる場合には，特別受益として持戻しの対象となると考えられます（*）。例えば私立大学の医学部の学費などがこれに当たるといえます。本事例の場合のように塾への授業料および医学部の学費としての1,000万円の贈与は，私Aの現財産額（1億円）からしても扶養義務の範囲を超える多額のものと考えられます。

> （*）民法903条1項は，特別受益となる「贈与」を，婚姻もしくは養子縁組のためもしくは生計の資本としての贈与と規定していますので，全ての生前贈与が特別受益となるわけではありません。もっとも，この規定は，相続の前渡しとなる贈与を相続人間の公平の観点から持ち戻すための規定ですので，ここでいう「贈与」はかなり広く捉えられます。親から子への贈与の場合，親に子の扶養義務があることを踏まえると，親の扶養義務の範囲を超える多額のものと認められる場合が

特別受益となるものと考えられます。

(2) 孫への贈与と特別受益

ところで，民法903条1項は，特別受益となる贈与を，「共同相続人」の受けた贈与と規定していることから，特別受益として持戻しの対象となるのは，共同相続人に対する贈与のみであり，その親族への贈与があったことにより共同相続人が間接的に利益を得たとしても特別受益にはならないものと考えられます。ただし，当該親族への贈与が実質的に共同相続人への贈与に当たると認められる場合には，当該相続人に対する特別受益と判断される可能性があります（東京高決平成21年4月28日，東京地判平成28年4月18日）。「実質的に共同相続人への贈与に当たる」と認められる場合とは，例外的なケースと考えます。参考となる事案として，分家した娘夫婦につきその夫に対し土地を贈与した事案（福島家白河支審昭和55年5月24日，贈与の趣旨が主として娘に利益を与えることにあり，贈与額が遺産と贈与財産の38％にもなることが考慮されています），姉の扶養義務懈怠（姉が自身の子，すなわち被相続人の甥を残して家出）が原因で扶養義務のない甥に学費等を援助した事案（神戸家尼崎支審昭和47年12月28日）があります。

(3) 本事例の場合

本事例の場合，私Aが死亡した場合に相続人となるのは妻B，長男C，長女Dおよび二男Eです。そして，「教育資金の一括贈与に係る贈与税の非課税措置」を使用した場合，図1のように，領収書等を金融機関等に提出しなければ払出しができず，長男Cの子Fの教育資金以外の目的で預金等を使用することができません。このような状況下において相続人でないFに対し1,000万円を贈与しても，長男Cの特別受益には該当しないと考えます。

ただし，すでに長男Cが死亡しておりFが代襲相続人となる場合や，Fが私Aの養子となっている場合には，Fは私Aの相続人となりますので，Fに対する贈与はFの特別受益となりえます。また，仮に長男Cが30歳未満であれば，長男Cについても「教育資金の一括贈与に係る贈与税の非課税措置」を用いて贈与を行うことが可能ですが，長男Cへの贈与は共同相続人に対する贈与とな

第2章　生前の対策

りますので長男Cの特別受益となりえます。

　なお，長男Cの子Fが30歳に達した日に残額がある場合，当該残額は，Fに贈与されたものの教育資金としては用いられなかった可能性があります。このような場合であっても，当初より私Aが残額を含めて全てFに贈与する目的であった（すなわち，長男Cに利益を与えることが贈与の主眼ではない）とすれば，贈与金額が私Aの財産（贈与前の1億円）の10％とはいえ，長男Cの特別受益に当たるとまではいえないと考えます。

　実務上，相続対策として活用が少しずつ進んでいる教育資金一括贈与制度ですが，場合によっては民法上問題が生じる可能性があります。共同相続人間で争いとなることのないよう，各共同相続人に平等に行うなど配慮をしておくとよいでしょう。

1 相続対策の検討

Q6 相続対策としての養子縁組

| 関連条文 | 相続税法 15 条，同 63 条，民法 802 条，同 809 条，同 810 条，同 818 条，同 824 条，同 838 条 |

事例

私Bは80歳で夫Aは10年前に亡くなっています。最近，養子縁組を行うと，相続対策になると聞きました。私は長男Cの妻Fと長女Dの子G（10歳）を養子にしようと思っているのですが，何か法律上の問題はないでしょうか。

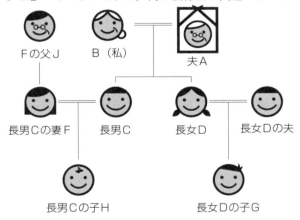

ポイント

① 養子縁組により私Bの法定相続人が増えることで，私Bの相続人が負担する相続税の総額が少なくなる可能性があります。
② しかし，養子としたGが未成年である間に私Bが亡くなると，Gの親権者

がおらず，遺産分割協議等ができない可能性があります。未成年であるGを養子にする場合には，慎重に検討して行う必要があるといえます。

解説

❶ 相続税の計算方法（基礎）

相続税は，相続または遺贈により財産を取得した者の相続税の総額を計算し，当該相続税の総額を基礎として各人にかかる相続税額を計算します（相続税法11条）。「相続税の総額」は，財産を取得した全ての相続人および受遺者の相続税の課税価格に相当する金額の合計額から基礎控除額を控除した残額を，法定相続人が法定相続分どおりに取得したとしてそれぞれに税率を乗じて計算した合計額をいいます（相続税法16条）。

ところで，基礎控除額は法定相続人の数によって変わってきます。平成27年1月1日以後に相続が開始した場合の基礎控除額は，「3,000万円＋600万円×法定相続人の数」となります（相続税法15条1項）。すなわち，法定相続人が多い人ほど，基礎控除額が大きくなり，また税率にも影響するなどの効果があるため，同じ課税価格であっても相続税の総額が少なくすみます。

❷ 養子縁組の税法上の制限

(1) 概要

前述❶のとおり，相続税の総額は法定相続人が多い人ほど少なくなるため，実子がいるにもかかわらず養子縁組を行うケースが見られます。

もっとも，養子縁組による不当な相続税の回避を防ぐため，法定相続人の中に養子がいる場合には，法定相続人の数に含める養子の人数が以下のとおり制限されています（相続税法15条2項(*)）。

（ⅰ）被相続人に実子がある場合または被相続人に実子がなく養子の数が1

人である場合：1人

（ⅱ）被相続人に実子がなく養子の数が2人以上である場合：2人

　すなわち，被相続人に実子がいる場合には最大1人まで，被相続人に実子がいない場合には最大2人までしか養子の人数を法定相続人の数に含めることができません。

　また，養子を法定相続人に算入することが，相続税の負担を不当に減少させる結果となると認められる場合においては，税務署長が更正または決定に際し，当該養子の数を法定相続人の数に算入しないで相続税の課税価格および相続税額を計算できます（相続税法63条）。例えば，養子が全く財産を取得していない場合等専ら相続税の節税のために養子縁組を行ったと見受けられる場合等には注意が必要といえます。

(2) 本事例の場合

　本事例の場合，私Bには長男Cおよび長女Dという実子がいますので，長男Cの妻Fおよび長女Dの子Gの2人を養子にしても，相続税の基礎控除額の計算上は，養子は1人として扱われます。したがって，法定相続人の人数は，実子の2人＋養子の1人＝3人ということになります。長男家および長女家から各1人ずつ養子にすることは平等に資しますが，相続税の基礎控除額計算上は，養子が1人でも2人でも変わらないということになります。なお，Gについては，相続税額にその2割に相当する金額が加算されます（相続税法18条）。

（＊）これは，基礎控除額の計算だけでなく，相続税の総額，ならびに生命保険金および死亡退職金の非課税限度額の計算についても同様です（相続税法12条1項5号，6号）。

3　相続対策での養子縁組の有効性

(1) 養子縁組の方法

　養子縁組は，養子縁組届を役所に提出することで行います。養子となる者が15歳未満であるときは，その法定代理人が，子に代わって縁組の承諾を行い

ます(民法797条1項)。未成年者を養子とするには原則として家庭裁判所の許可を得る必要がありますが,養親となる者またはその配偶者の直系卑属を養子とする場合には家庭裁判所の許可は不要です(民法798条)。例えば,孫や配偶者の連れ子を養子とする場合には未成年者であっても親の承諾があれば家庭裁判所の許可は不要です。

本事例の場合には,長女Dの子Gは私Bの孫であり直系卑属となりますので,Gの親権者である長女Dおよび長女Dの夫の承諾のもと養子縁組届を提出することになります。家庭裁判所の許可は不要です。

(2) 養子縁組の無効

養子縁組は,当事者間に縁組をする意思がないときには無効となります(民法802条1号)。「縁組をする意思」とは,真に養親子関係を生じさせようとする意思とされ(最判昭和23年12月23日参考),例えば,兄への相続を阻止するための方便として養子縁組という形式を利用したにすぎない場合に縁組意思を欠くとして当該養子縁組を無効とした裁判例があります(名古屋高判平成22年4月15日)。そこで,養子縁組が専ら相続税の節税のためにされたものである場合に「縁組をする意思」がなく,養子縁組自体が無効ではないかが問題となります。

もっとも,相続税の節税の動機と縁組をする意思とは併存し得るため,専ら相続税の節税のために養子縁組をする場合であっても,直ちに当該養子縁組について「縁組をする意思」がないとは言えません(最判平成29年1月31日)。

以上を踏まえると,養子縁組をする場合には,養子縁組が親子関係を創設するものであるということを双方よく理解した上で行う必要があるといえます。

4 姓の変更および親権者の問題

(1) 養子縁組の効力

養子縁組により,養子は縁組の日から養親の嫡出子の身分を取得します(民法809条)。そして,養子と養親およびその血族との間においては,縁組の日

から，血族間におけるのと同一の親族関係を生じます（民法 727 条）。これらに伴い，養子は養親の氏を称することとなり（民法 810 条本文），養子は養親の戸籍に入ります（戸籍法 18 条 3 項）。また，養子と養親は互いに扶養義務を負い（民法 877 条 1 項），養子が養親の相続人となります（民法 887 条 1 項）。つまり，養子縁組により，その日から養子と養親は法律上実の親子と同じ取扱いとなります。

　本事例の場合には，養子縁組により長女Ｄの子Ｇが私Ｂの戸籍に入り，姓も私Ｂの姓となります。長男Ｃの妻Ｆについては，婚姻により長男Ｃの姓を名乗っている場合，戸籍に養親の氏名等が追記されますが，婚姻中の姓が変更となることはありません（民法 810 条但書）。また，私Ｂに相続があった場合，相続人は長男Ｃ，長女Ｄ，長男Ｃの妻Ｆおよび長女Ｄの子Ｇとなり，法定相続分は各 4 分の 1 です。

　姓の変更についてはケースにより異なります。例えば，長男Ｃ夫妻が長男Ｃの姓（私Ｂと同じ姓）を名乗っている場合で，長男Ｃ夫妻の子をＨとし，長男Ｃの妻Ｆの父をＪ（長男Ｃ夫妻とは姓が異なる）とした場合，以下の表 2 のように姓が変更となります。

（表 2）

養子	養親	姓の変更
Ｃ	Ｊ	ＣのみならずＦについてもＪの姓へ変更（＊）
Ｆ	Ｂ	姓の変更なし（ＦはＣの姓のまま）
Ｈ	Ｊ	ＨのみＪの姓へ変更
Ｈ	Ｂ	姓の変更なし（ＨはＣの姓のまま）

（＊）子Ｈについては長男Ｃの姓のままですが，届け出ることで父母の姓を称することができます（民法 791 条 2 項）。

(2) 養子の親権者

ア　未成年者と親権者

　成年に達しない子は，父母の親権に服しますが（民法 818 条 1 項），養子縁組により，養子は養親の親権に服することとなります（民法 818 条 2 項）。

親権者は，子の財産を管理し，かつ，その財産に関する法律行為についてその子を代表します（民法824条）。また，親権者は，未成年者の法定代理人として，未成年者が法律行為をする際に同意を行います（民法5条1項本文）。当該同意を得ないでなされた法律行為は，取り消すことができます（民法5条2項）。本事例の場合，私Bと長女Dの子Gの養子縁組により，未成年者である長女Dの子Gの親権者は長女D夫妻から私Bへ変更になります。

イ　単独親権者が死亡した場合

本事例の場合，私Bと長女Dの子Gの養子縁組によって，私BがGの単独親権者となっているところ，Gが成人になる前に私Bが亡くなると，Gには親権者がいなくなります。Gが成人となる前にGに親権者がいなくなった場合まず困るのは私Bの遺産分割協議です。その他にもGに関する契約を締結したり，財産管理等をしたりするのにGには法律上の代理人がいないことになります。

未成年者に対して親権を行う者がいないときは後見が開始し，未成年後見人を選任します（民法838条1号，840条1項）。もっとも，実親（長女D夫妻）のように親権者たり得る者がいる場合にまで未成年後見人が必要なのか疑問が生じます。

この点については，学説や裁判・審判例の見解が分かれます。①後見が開始するという説（東京高決昭和56年9月2日），②後見が開始するが，死後離縁が許可されたうえで，親権者変更の審判ができるという説（大阪家審昭和56年3月13日），③当然に実親の親権が回復するという説（宇都宮家大田原支審昭和57年5月21日）などがあります。

なお，養親または養子が亡くなった場合には，生存当事者による死後離縁の手続がありますが（民法811条6項），これを申し立てようにも，実親が申立人となれるのかも疑問が生じます。生前に離縁しようとする場合には養親と実親との協議により行えることなどから（民法811条2項），死後離縁についても実親が申立人となれるという説がある一方，未成年後見人のみが申立人となれるという説もあります。

前述のように様々な見解がありますが，実務上は，実親により死後離縁の申立ておよび親権者変更の申立てが行われた場合で，実親に親権者を変更することが適当と認められる場合にはこれが許可されることが多いようです。

ウ　本事例の場合

　養子縁組により長女Ｄの子Ｇの親権者は私Ｂになります。私Ｂが亡くなるとＧには親権者がいなくなります。前述のように見解が様々に分かれていますので，長女Ｄ夫妻のようにＧの実親が当然に親権者になれるとはいえません。

　まず，私Ｂの遺産分割協議ですが，Ｇには親権者がおらず遺産分割協議ができません。もっとも，私Ｂが遺言を作成しておき遺産分割協議が不要であればこの問題は顕在化しません（＊）。

　とはいえ，遺産分割協議のほか，Ｇに関する契約を締結する場面や財産管理等において親権者がいないと多大な不都合が想定されます。未成年者を養子にする場合には，このような不都合が生じ，死後離縁や親権者変更の手続等が必要となる可能性を考慮に入れて慎重に行う必要があるといえます。

（＊）通常，相続人に未成年者がいる場合，親権者が当該未成年者の法定代理人として遺産分割協議を行います。親権者も相続人である場合は当該未成年者と利益相反関係にあるので代理人とはなれず特別代理人の選任を申し立てる必要があります（民法824条，826条1項。Q36参照）。

第2章　生前の対策　　*41*

> 2　遺言の作成

Q7　自筆証書遺言を作成する場合

| 関連条文 | 民法 968 条，同 1004 条 |

事例

　私Aには妻Bと長男Cおよび長女Dがおりますが，私Aの財産をめぐって死後争いになるかもしれません。遺言を作っておくのが良いと聞いたので，自分で遺言を書いてみようと思います。何か気を付けるべき点はありますか。

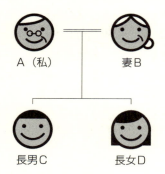

ポイント

①　自筆証書遺言を作成する場合，全文，日付および氏名を全て遺言者が自書し，押印しなければなりません。

②　これら形式面から死後に遺言が無効とされないよう注意が必要です。また，内容の明確性も相続紛争防止の観点から重要です。

解説

❶ 自筆証書遺言のメリットとデメリット

　自筆証書遺言の方式で遺言を作成するメリットは，手軽に作成でき，費用もかからず，遺言の存在を他人に知られずに済むことです。

　しかし，次のようなデメリットもあるため注意が必要です。まず，紛失や偽造の危険が小さくありません。また，遺言の存在を秘密にしていた場合には死後に遺言が発見されず徒労に終わってしまう可能性もあります。さらに，遺言の作成時や修正時の形式要件の不備により遺言が無効となる場合も稀ではありません。加えて，遺言内容が不明確であることによって，遺言の解釈を巡って相続紛争が生じる危険や，遺言が無効となってしまう危険もあります。

❷ 自筆証書遺言の有効要件

(1)　概要

　自筆証書遺言の方式によって遺言を作成するためには，遺言者が全文，日付および氏名を自書し，押印しなければなりません（民法968条1項）。以下個別に見ていきます。

(2)　遺言者の自書

　自筆証書遺言では，あくまで遺言者本人の手書きによって作成する必要があります。代筆やパソコンによって作成した遺言は自筆証書遺言として無効であるため注意が必要です。

　なお，高齢になると手の震えや視力の低下といった事情により，遺言を自書することが困難な場合も考えられます。こういった場合に，他人に手を添えてもらうなど介助を受けて作成した遺言は，実質的に介助者が遺言を作成したものとして無効とされることもあります（最判昭和62年10月8日）。そのため，遺言を自書することができるか疑わしい場合には，公正証書遺言の方式によっ

て遺言を作成することが望ましいといえます。署名のみでも自筆可能であれば秘密証書遺言によることも考えられます。

(3) 押印

押印する印は三文判でも構いません。もっとも，本人が作成したものに間違いないという信用の観点からは，やはり実印による押印が望ましいといえます。なお，判例では，指印でも有効とされています（最判平成元年2月16日）。

押印の場所は遺言書本体の署名の下が通常の位置ですが，遺言書本体に押印されていれば原則として差し支えないものと考えられます。遺言書が封緘された封筒に入っていた場合で，封筒の綴じ口に押印したものが遺言書への押印として有効とされた判例もあり（最判平成6年6月24日），遺言書本体と一体といえる部分への押印など，ある程度の範囲では有効と認められることがあります。しかし，封筒はすり替えの可能性もあり，やはり遺言書本体の署名の下に押印することが望ましいといえます。

(4) 全文，日付および氏名

ここでの全文というのは文字通り全文であるため，遺言の対象とする財産を列記し，分割方法を指定するなども手書きで行う必要があります。財産の種類が膨大である場合などは，書き損じのおそれを含め，その労力も考慮する必要があります。

また，日付はいつ遺言が作成されたものか，ある一日に特定可能である必要があります。そのため，一日に特定できない「○年○月吉日」といった記載は無効とされています（最判昭和54年5月31日）。一方で，遺言書が封緘され，かつ綴じ口に遺言書本体の押印と同一の押印がされた封筒に入っていた場合で，遺言書本体に日付の記載はないものの，封筒に「26 3 19日」との記載があったものを「昭和26年3月19日」との日付の記載として遺言を有効とした裁判例があります（福岡高判昭和27年2月27日）。しかし，封筒はすり替えの可能性もあり，やはり遺言書本体に日付を記載することが望ましいといえます。

氏名については戸籍上の氏名を正しく記載します。もっとも通称を記載した場合でも有効とされることはあります（大阪高判昭和60年12月11日）。

(5) 遺言書の修正

遺言書の文章の加除変更は，遺言者が，その場所を指示し，これを変更した旨を付記して特にこれに署名し，かつ，その変更の場所に印を押さなければ効力が生じないものとされています（民法968条2項）。

この要件を満たしていない場合，文字の上から二重線が引かれているなどしていても，元の文章が判読可能であれば，原則として元の文章のままの内容となります。ただし，二重線に対して押印はあるものの署名がなかったという事例で，「消」の記載に加えてさらに押印があり，また訂正後の文言の記載があるといった事情から，変更を有効とした裁判例（東京高判昭和55年11月27日）があり，ある程度柔軟な判断がされる可能性もあります。

しかしながら，抹消の方法により元の文字が判読不能となった場合には，その記載がないものとして扱われる可能性があり，訂正の方式が前述の要件を満たしていない場合には，訂正後の記載も存在しないと扱われる可能性もあります。このように遺言書の有効要件である日付の記載について，修正によって元の記載が判読不能となり，加除変更の形式不備により修正後の記載も不存在と扱われた結果，遺言書全体が無効とされた裁判例（仙台地判昭和50年2月27日）もありますので，遺言の重要性を考えると，修正の必要がある場合には，元の遺言書を破棄したうえ，新しく遺言書全部を作り直すことが望ましいといえます。

なお，遺言書の余白部分への加筆は加除変更に該当しないとして，署名押印等がなくとも有効とした裁判例（前掲東京高判昭和55年11月27日）もありますが，疑義を避けるには，やはり元の遺言書を破棄したうえ，新しく遺言書全部を作り直すことが望ましいといえます（そのほか遺言書に斜線が引かれていた場合についてQ30参照）。

(6) 保管と開封

遺言を封筒に入れておかなくとも無効にはなりませんが，破損や汚損を避ける観点からは封筒などに入れて保管することが望ましいです。通常は，金庫のほか，机の引出しや仏壇などに封筒を保管したうえ，相続人に保管場所を伝え

ておくことが多いと思われます。

　封筒が封緘されている場合には，相続開始後に家庭裁判所の検認手続によって開封しなければならず，勝手に開封した場合には5万円以下の過料が科せられます。もっとも，勝手に開封した場合でも，それのみで直ちに遺言が無効となるわけではありません（Q29参照）。

(7)　自筆証書遺言の記載例

　以下に自筆証書遺言の記載例を掲載します。自書その他の形式要件のご参考としてください。

遺言書

遺言者Aは，次のとおり遺言をする。

一　次の財産を，妻Bに相続させる。

　（一）土地

　　　　所在　東京都〇〇区〇〇2丁目9番地

　　　　地目　宅地

　　　　地積　161.2平方メートル

　（二）家屋

　　　　所在　東京都〇〇区〇〇2丁目9番地
　　　　　　　11番　この行2字訂正
　　　　家屋番号　9番　　〇〇　〇〇
　　　　　　　　　　　㊞

　　　　種類　居宅

　　　　構造　鉄筋コンクリート造スレート葺き二階建

　　　　床面積　1階　120.3平方メートル

　　　　　　　　2階　100.8平方メートル

　（三）前記家屋内にある現金および家財道具その他一切の動産

　（四）預金債権

　　　　　〇〇銀行〇〇支店に対して有する預金債権のすべて

二　次の財産を，長男Cに相続させる。

　　　　　△△銀行〇〇支店に対して有する預金債権のすべて

三　次の財産を，長女Dに相続させる
　　（一）株式
　　　　　株式会社〇〇の普通株式のすべて
　　（二）預金債権
　　　　　××銀行〇〇支店に対して有する預金債権のすべて
　　（三）その他財産
　　　　　上記の記載に含まれない一切の財産
平成〇年〇月〇日
　　東京都〇〇区〇〇2丁目9番地
　　　　　〇〇　〇〇　㊞

❸　遺言書の解釈

(1)　遺言の明確性

　自筆証書遺言では，必ずしも法律の専門家が関与するとは限りませんので，文章の解釈が一義的に定まらない場合があります。そうすると，遺言を有効とするにもどのように処理すべきか不明ということになり，結果として，遺言の当該不明部分または全部が無効とされる可能性があります。

　この点について，判例では，「遺言書に表明されている遺言者の意思を尊重して合理的にその趣旨を解釈すべきであるが，可能な限りこれを有効となるように解釈することが右意思に沿うゆえん」（最判平成5年1月19日）とされ，また，「遺言書の文言を形式的に判断するだけではなく，遺言者の真意を探究すべきものであり，遺言書が多数の条項からなる場合にそのうちの特定の条項を解釈するにあたつても，単に遺言書の中から当該条項のみを他から切り離して抽出しその文言を形式的に解釈するだけでは十分ではなく，遺言書の全記載との関連，遺言書作成当時の事情及び遺言者の置かれていた状況などを考慮して遺言者の真意を探究し当該条項の趣旨を確定すべき」（最判昭和58年3月18日）とされています。実際，全遺産を「公共に寄與する」とのみ記載して

寄付先の指定がなかった事案でも，寄付先が限定されていることを前提に，寄付先の選定は遺言執行者に委ねる趣旨と解釈した上で有効とされています（前掲最判平成5年1月19日）。また，遺言書では，普通預金5,400万円から金額を指定して各親族等に相続させるとしていたものの，普通預金には220万円しかなく，定期預金に5,000万円と500万円のものがあったという事案で，遺言者は普通預金と定期預金の区別には無頓着であったとして，定期預金から指定通りの金額で分配する趣旨と解釈して有効とした裁判例もあります（東京地判平成10年9月29日）。

　このように，裁判所は遺言書に不明瞭な部分があっても有効と解釈するよう努めていますが，それによっても遺言の趣旨が明らかにならない場合は，当該不明部分または全部が無効とならざるを得ません。また，前述の最判昭和58年3月18日の事例も無効とすべきだったとの学説もあり，何よりも相続人間において裁判で争われる事態は避けるべきですから，遺言内容の明確性には注意が必要です。

(2) 問題のある自筆証書遺言の記載例

　以下に問題のある自筆証書遺言の記載例を掲載します。遺言内容が不明確なものとならないようにするためのご参考としてください。

遺言書

　私，Aは，あとに残していく愛する家族のために，次のとおり遺言をする。

　妻Bの長年の功に報いるため，生きている間の生活に困らないだけの財産を相続させることにします。多くはないが，ゆっくりと老後を過ごせるだけは残してやれたと思います。これだけでは感謝しきれないほど世話をかけたけれど，どうか残りの人生を幸せに過ごしてください。ありがとう。

　長男Cには，渋谷の自宅マンションと，駐車場をあげます。いまは借家暮らしで毎月の家賃がたいへんだと言っていたけれど，これからは家賃に悩むことなく，反対に毎月の収入が入ってくるようになります。手のかかる子だった長男Cへ私から最後のプレゼントです。

長女Dには，海のきれいなあの別荘をあげます。長女Dは小さいころからここが大好きで，行くたびにはしゃいでいましたね。実は，ここだけは長女Dにあげようと昔から決めていたんです。喜んでもらえると嬉しく思います。私が長女Dを連れて行ったように，孫たちもここで遊ばせてやってください。

　そのほかの遺産は長男Cと長女Dで話し合って分けるように。もし妻Bの面倒を見る必要があったら，この遺産を使ってやってください。2人は昔からケンカばかりだったけれど，私の遺産を取り合ってケンカになるようなことだけはやめてほしいと思っています。

　私は幸せでした。これ以上皆を守ってやれないことは心残りですが許してください。どうか体には気を付けて。

平成○年○月○日
　　東京都○○区○○2丁目9番地
　　　　○○　○○　㊞

　自筆証書遺言では，上記のように遺産相続とは無関係な付言事項が多く記載されることがあります。遺言者の思いを伝えることも遺言の重要な役割ですから，それ自体に問題はありません。しかし，遺産相続に関する内容が曖昧とならないよう注意が必要です。

　まず，妻Bに対して「生きている間の生活に困らないだけの財産」を相続させるという部分ですが，これが預貯金から与える趣旨なのか，また自宅マンションを長男Cに与えるとすると住居はどうするのか，病気をした場合や福祉施設に入居する場合の費用はどの程度見込んでおくのかなど，どれだけの金額や財産を指しているのか特定することは極めて困難であり，この部分は特定性を欠いて無効となる可能性が高いと考えられます。また，最終的に裁判の結果として有効とされたとしても，そこに至るまでに遺産紛争を招くおそれが非常に高い記載といえます。例えば預金を与えるつもりなら，金融機関と支店と口座

番号を記載したうえ，その全部を与えるとするか，そのうち金額を指定して与えると記載すべきです。このような特定がない遺言書は，金融機関が預金の払戻しを受け付けない可能性もあります。

　また，長男Cや長女Dについて，不動産を相続させようとしていますが，「渋谷の自宅マンション」「駐車場」「海のきれいなあの別荘」など，これがどの不動産を指しているのか第三者には特定できません。相続人に特定可能であれば遺言として無効になるわけではありませんが，地番等による特定がない場合，この遺言書によっては法務局が移転登記を受け付けない可能性もあり，その場合，別途遺産分割協議書を作成するなどして対応する必要が生じます。不動産を与える場合には，法務局で取得できる登記簿謄本に従って地番や建物構造等を記載すべきです。

　また，そのほかの遺産について長男Cと長女Dで話し合って決めるように記載する一方で，妻Bの面倒を見る費用にも充てるように記載しているため，単純に長男Cと長女Dとの遺産分割協議に委ねる趣旨なのか，負担付き遺贈の趣旨なのか，または後々の負担を考慮して妻Bも交えて遺産分割協議させる趣旨なのか不明瞭です。こういった部分も相続争いを招きやすい記載といえます。

STEP UP　【相続法改正の動向】自筆証書遺言の方式緩和

　相続法改正の議論においては，自筆証書遺言のうち，財産目録については自書することを要しないという案が提案されています。これによると，自筆証書遺言すべてを自書する必要はなく，財産目録はパソコン等で作成しておくことが可能となります。

2 遺言の作成

Q8 公正証書遺言を作成する場合

| 関連条文 | 民法 969 条，同 969 条の 2，同 974 条 |

事例

私Aには妻Bと長男C，長女D，二男Eがいますが，自分の財産をめぐって自分の死後争いになるかもしれません。公証役場で遺言を作っておくのが良いと聞いたので，公証役場に行こうと考えています。公証役場で遺言を作成すると費用がかかると思いますが，公正証書遺言にはどのようなメリットがあるのでしょうか。

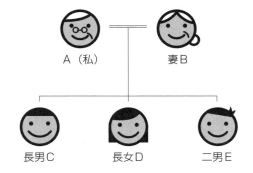

ポイント

① 公正証書遺言の作成には，手間と費用がかかります。
② しかし，毀損や変造のおそれが小さく，家庭裁判所での検認手続も不要です。また，遺言者の自書による必要がなく，公証人により遺言内容の確認がされるなど，有効な遺言の作成方法として最も確実な方法です。

解説

❶ 公正証書遺言のメリットとデメリット

公正証書遺言の方式で遺言を作成するメリットは，(ⅰ) 原本が公証役場に保管されるため毀損や変造のおそれが小さいこと，(ⅱ) 相続開始後に家庭裁判所での検認手続が不要であること，(ⅲ) 自書要件がないため遺言者が病気等の場合に対応しやすいこと，(ⅳ) 公証人の関与により遺言の有効性について事実上一定程度の担保がされることです。これにより，相続開始後の手続がスムースに進み，相続紛争も生じにくくなります。

しかし，(a) 手続に手間がかかり，(b) 遺言に記載する財産の価額と分け方に応じて手数料（通常，数万円から数十万円）がかかるデメリットもあります。

❷ 公正証書遺言の有効要件

(1) 原則

公正証書遺言の方式によって遺言を作成するためには，証人2人以上の立会いのもとで，遺言者が遺言の趣旨を公証人に口授し，公証人が遺言者の口述を筆記して，これを遺言者および証人に読み聞かせまたは閲覧させ，遺言者および証人が筆記の正確なことを承認し，各自これに署名押印したうえ，公証人が方式に従って作成したことを付記して署名押印しなければなりません（民法969条各号）。

また，公正証書遺言は，遺言者本人が公証役場へ出向いて作成することが通常です。しかし，入院等のために本人が出向けないという場合には，割増手数料が5割程度加算されますが公証人に出張してもらうこともできます。例えば，遺言者が病院のベッドの上にいたままで公正証書遺言を作成することも可能です。

(2) 特例

遺言者が署名をすることができない場合，署名については，公証人がその旨を付記して代用することができます（民法969条4号）。

遺言者が話せない場合，遺言者が遺言の趣旨を自書または通訳人の通訳により申述することで口授に代えることができます（民法969条の2第1項）。この場合も，公証人はその旨を付記しなければなりません（民法969条の2第3項）。

遺言者の耳が聞こえない場合，公証人が筆記した内容を通訳人の通訳により遺言者に伝えることで読み聞かせに代えることができます（民法969条の2第2項）。この場合にも，公証人はその旨を付記しなければなりません（民法969条の2第3項）。

(3) 証人

公正証書遺言で立ち会う2名の証人は，成年者でなければならず，また法定相続人や受遺者や，これらの者の配偶者や直系血族がなることはできません（民法974条）。すなわち，相続財産を受け取る可能性のある者や，それらの者と近い者は証人となれません。

公正証書遺言には証人2名が必要になりますが，手数料を払って公証役場に証人を手配してもらうこともできます。

(4) 修正

公正証書遺言は，自筆証書遺言と異なり，一度作成した遺言に加除変更を加えて修正することができません（民法968条2項は公正証書遺言に準用されない）。そのため，公正証書遺言を修正する場合には，改めて遺言を作成する必要があります。

このとき，新しい遺言は，公正証書遺言と自筆証書遺言のいずれで作成してもかまいません。もっとも，新しい自筆証書遺言を作成して，古い公正証書遺言を無効にするという場合，相続発生後に遺言の偽造の有無が相続紛争の原因となるおそれがあるため（Q30参照），公正証書遺言を修正する場合は，公正証書遺言によることが望ましいでしょう。また，新旧の遺言で内容が矛盾するかどうかの解釈が相続紛争の原因とならないようにするため，新たな遺言に「遺

言者は，本遺言作成以前に作成した全ての遺言を撤回し，あらためて以下のとおり遺言する。」といった文言を記載することが望ましいといえます。

(5) 保管と確認

公正証書遺言では，相続開始後，家庭裁判所の検認手続（Q29参照）は不要です。すなわち，相続財産の名義変更手続で家庭裁判所の検認を要求されることがなくなります。

相続発生後において，法定相続人等の利害関係人は，公証役場で遺言検索システムによる検索を依頼して，被相続人の公正証書遺言の有無と内容を知ることができます（Q1参照）。

(6) 公正証書遺言の記載例

以下に公正証書遺言の記載例を掲載します。遺言者は，遺言の趣旨部分のみ作成すればよく，公正証書遺言特有の部分は，公証役場で作成するものですが，ご参考としてください。

平成○○年○○号

遺言公正証書

　本職は，遺言者Aの嘱託により証人○○，証人○○の立会いのうえ，以下の遺言の趣旨の口授を筆記し，この証書を作成する。

遺言の趣旨

一．　遺言者は，遺言者の有する下記の不動産を，子である長男C（昭和○年○月○日生）に相続させる。

記

（一棟の建物の表示）
　　所　　　在　　　○○市○○丁目○○番地○○
　　建物の名称　　　○○マンション
（専有部分の建物の表示）
　　家 屋 番 号　　　○○町○○丁目○○番○○の○○

建物の名称　　〇〇号
　　　種　　　類　　居宅
　　　構　　　造　　鉄筋コンクリート造7階建
　　　床　面　積　　5階部分　65.33平方メートル
　　（敷地権の目的である土地の表示）
　　　土地の符号　　1
　　　所在及び地番　〇〇市〇〇丁目〇〇番地〇〇
　　　地　　　目　　宅地
　　　地　　　積　　503.61平方メートル
　　（敷地権の表示）
　　　土地の符号　　1
　　　敷地権の種類　所有権
　　　敷地権の割合　1123分の28

二．　遺言者は，遺言者の有する下記の土地を，子である長女D（昭和〇年〇月〇日生）に相続させる。
　　　　　　　　　　　　　　　記
　　　所　　　在　　〇〇市〇〇区〇〇町〇〇丁目
　　　地　　　番　　〇〇番〇〇
　　　地　　　目　　宅地
　　　地　　　積　　70.44平方メートル

三．　遺言者は，次の金融機関に存在する遺言者名義の預貯金を，子である二男E（昭和〇年〇月〇日生）に相続させる。
　　〇〇銀行〇〇支店（口座番号〇〇〇〇）

四．　遺言者は，遺言者の有する次の株式（〇〇証券〇〇支店に預託）を，子である長男C（昭和〇年〇月〇日生）に下記のとおり相続させる。

長男Ｃ　〇〇株式会社　　〇万株

五．　遺言者は，前四項までに規定する財産を除く遺言者の有するその他の財産（現金，預貯金，私募債等）を，妻であるＢ（昭和〇年〇月〇日生）に相続させる。

平成〇年〇月〇日

　　　　　　　　　　　　　　　　　　　〇〇市〇〇区〇〇丁目〇〇番〇号
　　　　　　　　　　　　　　　　　　　　　遺言者　　　〇〇　〇〇
　　　　　　　　　　　　　　　　　　　　（昭和〇〇年〇月〇日生）
　右は本職氏名を知らず面識がないため，法定の印鑑証明書をもって人違いでないことを証明させた。

　　　　　　　　　　　　　　　　　　　〇〇市〇〇区〇〇丁目〇〇番〇号
　　　　　　　　　　　　　　　　　　　　　証人　　　　〇〇　〇〇
　　　　　　　　　　　　　　　　　　　　（昭和〇〇年〇月〇日生）
　　　　　　　　　　　　　　　　　　　〇〇市〇〇区〇〇丁目〇〇番〇号
　　　　　　　　　　　　　　　　　　　　　証人　　　　〇〇　〇〇
　　　　　　　　　　　　　　　　　　　　（昭和〇〇年〇月〇日生）

　以上遺言者および証人に読み聞かせたところ，各自筆記の正確なことを承認し，以下にそれぞれ署名捺印する。

　　　　　　　　　　　　　　　　　　　　　遺言者　　　〇〇　〇〇　㊞
　　　　　　　　　　　　　　　　　　　　　証　人　　　〇〇　〇〇　㊞
　　　　　　　　　　　　　　　　　　　　　証　人　　　〇〇　〇〇　㊞

　この証書は，民法第九六九条第一号ないし第四号の方式により作成し，同条第五号に基づき本職以下に署名捺印する。

　　　　　　　　　　　　　　　　　平成〇〇年〇月〇日公証役場において
　　　　　　　　　　　　　　　　　〇〇市〇〇区〇〇丁目〇〇番〇号
　　　　　　　　　　　　　　　　　〇〇法務局所属

　　　　　　　　　　　　　　　　　　　　　公証人　　　〇〇　〇〇　㊞

> 2 遺言の作成

Q9 財産を継ぐ後継者を決めておきたい場合

| 関連条文 | 民法994条，同959条，同1022条 |

事例

　私Bは，夫Aに先立たれました。一人息子である長男Cは，Fと結婚しています。私Bの財産の多くは夫Aが残してくれたものです。その財産の多くは夫A方の先代から代々引き継いできた土地（本件土地）ですので，この財産は全て長男Cに相続させる予定です。しかし，長男C夫妻には子供がおらず，長男Cが妻Fよりも先に亡くなってしまった場合，これらの土地をすべて妻Fや妻Fの兄弟など妻F方の親戚が取得することになると聞きました。私Bの希望としては，長男Cが死亡したときは，夫Aの弟の子であるGに，これらの土地を渡すことで，夫A方の親戚に本件土地を返したいと考えています。遺言でこういった私Bの希望は実現できるのでしょうか？

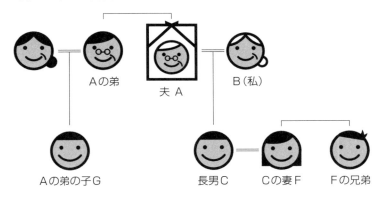

ポイント

① 財産を遺贈した者が死亡した後にその財産を取得する者を遺言で定めることはできないと考えられており，私Bの遺言だけで私Bの希望を実現することは困難です。
② 私Bの希望を実現する方法として，二通りの方法が考えられます。私Bとともに長男Cも遺言を作成する方法と私Bが民事信託を組成する方法です。

解説

1 後継遺贈とは

　後継遺贈とは，受遺者の受ける遺贈利益が，ある条件が成就し，または期限が到来した時から，受遺者とは別の者に移転する内容の遺贈のことです。本事例では，私Bは，長男Cに本件土地などの夫Aが遺してくれた財産を遺贈し，長男Cが死亡した後，その財産を夫Aの弟の子であるGに移転させたいと考えています。この希望を遺言で実現しようとすると，まず，私Bは，長男Cを受遺者として本件土地などを遺贈し，「長男Cの死亡」を期限として夫Aの弟の子であるGに本件土地などを移転する内容の遺言を作成することになります。

　このような後継遺贈の効力は，その効力の有無を巡って議論がされていましたが，効力はないとする説が有力であると言われています。裁判例においても，後継遺贈の効力に消極的な判示があります（最判昭和58年3月18日）。後継遺贈の効力がないと考える学説は，受遺者が遺言により遺された財産に拘束されてしまうことへの疑問や仮に受遺者が遺言により遺された財産を処分した場合，次に財産を受け取ることになっていた者（本件における夫Aの弟の子であるG）はどのように対処できるか不透明であることなどを理由にしています。

2　私Bと長男Cが遺言を作る方法

　私Bの希望を実現させる方法として，長男Cに協力してもらい，私Bと長男Cが一緒に遺言を遺すという方法があります。例えば，私Bは遺言で長男Cに本件土地を相続させる旨の遺言を作成します。長男Cは，母である私Bから，本件土地を遺言により取得したときは，本件土地を夫Aの弟の子であるGに遺贈する旨の遺言を作成します。このように二人が協力して遺言を作成することで，本件土地を私Bから長男Cに，長男Cから夫Aの弟の子であるGに相続または遺贈させていくことができます。

　遺言作成の実務において，将来取得する予定の財産を遺言書に記載することがあります。「遺言者の有する一切の財産を〇〇に相続させる」というような包括的な条項を利用して，将来取得する予定の財産を遺す者を指定することも可能ですが，遺言を作成する時点で将来に財産を取得することが予想されており，遺言の対象とする財産が特定されていることから，その財産を相続させたい者が決まっている場合は，「遺言者が，△△から，下記財産の所有権を取得していたときは，当該財産を〇〇に相続させる」といった条項で遺言することによって，当該財産の取得を条件とする遺言が可能です。本事例では，長男Cが私Bから本件土地を取得したことを条件として，夫Aの弟の子であるGに本件土地を遺贈する旨の遺言を作成することになります。

　遺言の作成時の注意点の一つとして，長男Cが不慮の事故などにより，私Bよりも先に亡くなってしまうケースを想定する必要があることです。私Bよりも長男Cが先に亡くなった場合，長男Cに関する部分の遺言は効力を生じません（民法994条）。長男Cの死亡時，私Bが元気であれば，新しく遺言を書き直せば問題ありませんが，認知症などにより判断能力が減退していると遺言を書き直すことができない可能性もあります。遺言を書き直さないままですと，長男Cに相続させる予定だった財産は，私Bの相続開始時に遺産分割しなければなりません。本事例では，私Bに兄弟がいなければ，相続人が誰もいないことになりますので，最終的には本件土地が国庫に帰属する可能性もあります（民

法959条。Q37参照)。

　そのようなケースに備えて、長男Cが私Bよりも先に亡くなってしまった場合は、夫Aの弟の子であるGに遺贈する旨の条項を付け加えるべきです。このような遺言は補充遺言といわれています。

　私Bと長男Cが協力できる関係にあれば、以上のとおり、二つの遺言を作ることによって、私Bの希望を実現することができます。しかし、この方法には問題点もあります。

　一つは、遺言の撤回は自由ということです（民法1022条）。例えば、長男Cが母の希望があったから、前述した遺言の作成に応じたものの、長男Cの本音としては自分の妻であるFに財産を遺してあげたいと考えていた場合です。相談者が亡くなった後でも、長男Cは自身の遺言の内容を簡単に変更することができます。私Bがいなくなったから、本音に忠実に全ての財産を妻Fに相続させるといった内容に遺言を書き換えることは可能です。一方、私Bの立場からすると、長男Cの遺言の撤回を制限する方法があればいいのですが、その制限は困難です。

　もう一点は、長男Cの妻Fから夫Aの弟の子であるGに対する遺留分減殺請求の可能性があることです。長男Cが本件土地のほかにも財産を有しており、妻Fにも十分な財産が遺される場合であれば、遺留分減殺請求の問題が生じることはありません。しかし、長男Cがあまり財産を有してない場合、妻Fの遺留分減殺に対する配慮が必要になります（Q31～Q33参照）。

3　受益者連続型信託を組成する方法

　もう一つの解決方法として、受益者連続型信託を利用する方法があります。様々な信託のスキームが考えられますが、一般的な手法としては、遺言代用型信託を用いて、第一受益者を私Bとし、第二受益者を長男C、第三受益者（または帰属権利者）を夫Aの弟の子であるGとして、本件土地の承継をすることができます（Q14参照）。

受益者連続型信託を用いることにより，二つの遺言の方法で問題となった遺言の撤回の危険性は解消することができます。

2 遺言の作成

Q10 遺言で税務の観点を考慮する必要性

関連条文 | 相続税法 19 条の 2，租税特別措置法 69 条の 4

事例

私Aは，遺言を作成する予定です。その内容は，妻Bに自宅，長男Cに収益不動産（賃貸用アパート），長女Dと二男Eに金融資産を2分の1ずつあげる内容の遺言にしたいと思っています。何か問題はありますか。

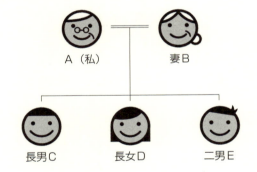

ポイント

① 遺言者は，単独で誰にどの財産を取得させるかを遺言で定めておくことができます。ただ，相続により財産を取得した者は，相続税の納付が必要な場合があります。相続税は通常，相続開始後10か月以内に金銭で一括納付します。そこで，遺言を作成する場合にはあらかじめ各自の相続税額をシミュレーションしておくことをおすすめします。

② 本事例の場合には，長男Cの納税資金に配慮し，不動産だけでなく金銭を

相続させることが考えられます。また，小規模宅地等の特例や配偶者に対する相続税額の軽減といった相続税を軽減できる制度があります。さらに，近い将来には妻Ｂの相続が想定されるので，妻Ｂの相続の際の相続税額にも配慮して財産を分けるとよいといえます。

解説

1　税務の観点を考慮する必要性

相続に際しては，相続または遺贈により財産を取得した者に相続税が課される場合があります。

私Ａの財産の相続税評価額を以下の表3のように仮定した場合（消極財産については考慮していません），各人が具体的に納付すべき相続税額は，長男Ｃが約800万円，長女Ｄおよび二男Ｅが約600万円と想定されます。

（表3）

（単位：百万円）

	相続税評価額	妻Ｂ	長男Ｃ	長女Ｄ	二男Ｅ
甲土地（自宅敷地）	30	30			
乙土地（収益不動産）	56（＊）		56		
甲建物（自宅）	3	3			
乙建物（収益不動産）	10		10		
金融資産	100			50	50
総額	199	33	66	50	50

（＊　小規模宅地等の特例適用後の金額とする）

2　納税資金

相続税は，相続開始があったことを知った日の翌日から10か月以内に申告し（相続税法27条1項），原則同期限内に金銭で一括納付します（相続税法

33条参照)。金銭での一括納付が困難な場合には延納(相続税法38条から40条),延納でも困難な場合には物納(相続税法41条から48条の2)といった制度があります。

　もっとも,相続開始後10か月の間に,被相続人の財産把握,資料収集,財産評価および申告書作成だけでなく,納税資金を確保することは非常に負担が大きいです。例えば資料の収集については,戸籍謄本などの公的書類を役所で,不動産登記簿などの登記書類を法務局で(インターネット上の登記情報提供サービスでの取得も可能),金融資産の残高証明書などを各金融機関で発行してもらう必要があります。これらは基本的には郵送での対応も可能ですが,窓口で行うには平日の日中に出向かねばなりません。残高証明書は発行に2週間程度かかる場合があります。また,不動産の評価を行うには現地調査が必要な場合もありますし,骨董品など評価の難しい財産については専門家の鑑定が必要な場合もあります。物納についても,実際に行うためには実務上要件の充足性などを生前から検討しておくことがほとんどです。なお,申告期限に遅れると,本来支払うべき税額に加えて延滞税が課される可能性があります(国税通則法60条,租税特別措置法94条)。

　そこで,相続人(または受遺者)に円滑に財産を承継するためにも,遺言作成の際にあらかじめ各人に発生する相続税額をシミュレーションして納税に配慮することが望ましいといえます。

　表3の場合,長男Cは相続税として約800万円を私Aの相続開始後10か月以内に納付する必要がありますが,長男Cは不動産しか相続しないため,どのように納税するかを検討する必要があります。例えば長男Cは納税のため相続した不動産を売却することが考えられますが,直ちに相続した不動産を売却できるとも限りません(*)。本事例の場合には,長男Cの納税資金に配慮し,不動産だけでなく金銭も相続させるなどの配慮が必要といえます。

　(*) 個人が不動産の売却収入を得た場合,次の金額が当該個人の譲渡所得となります。
　　　収入金額-(取得費+譲渡費用)-特別控除額
　　　ただし,相続や遺贈により取得した土地などを,相続開始のあった日の翌日か

ら相続税の申告期限の翌日以後3年を経過する日までに譲渡した場合には、相続税額のうち一定金額を譲渡資産の取得費に加算することができます（租税特別措置法39条、同施行令25条の16）。これを取得費加算の特例といいます。加算できる金額は次のとおりです。
※　平成27年1月1日以後の相続または遺贈による財産取得の場合
　　その者の相続税額×その者の相続税の課税価格の計算の基礎とされたその譲渡した財産の価額÷（その者の相続税の課税価格＋その者の債務控除額）

3　相続税の負担を軽減する制度

(1)　小規模宅地等の特例

　相続税の計算においては、一定の場合に評価額または相続税額を軽減できる種々の規定が設けられています。その一つが、小規模宅地等の特例です（租税特別措置法69条の4）。

　小規模宅地等の特例は、自宅敷地などの土地が残された者の生活に必要不可欠であり処分が制限されることから、同土地の評価額を減額する制度です(*1)。本事例の場合には甲土地（特定居住用宅地等）および乙土地（貸付事業用宅地等）ともに当該特例を適用できる可能性があります。減額金額や相続税総額をシミュレーションして適用対象を決めるとよいといえます。例えば前述表3の場合で、甲土地が面積330㎡、相続税評価額3,000万円、乙土地が面積500㎡、相続税評価額7,000万円で、両土地ともに小規模宅地等の特例が適用できるものと想定します。甲土地について特例を適用する方が減額金額は大きいですが（甲土地：3,000万円×80％＞乙土地：2,800万円(*2)×50％）、甲土地を相続する妻Bには以下のとおり配偶者に対する相続税額の軽減があるため、相続人全員の支払う相続税総額においては、乙土地について特例を使う方が税額が少ない可能性があります。

(2)　配偶者に対する税額の軽減

　配偶者による相続が同一世代間であるため近い将来に再度相続税の負担が生じうること、配偶者による財産形成への貢献および配偶者の生活を考慮して、配偶者に対する税額の軽減制度が設けられています（相続税法19条の2）。配

偶者の取得する財産金額が1億6,000万円または法定相続分相当額のどちらか多い金額までであれば配偶者には相続税はかかりません。本事例の場合には自宅を妻Bが相続していますが、配偶者に対する税額の軽減を適用すれば妻Bの相続税額は0円となります。

(3) 本事例の場合

以上を踏まえると、本事例の場合には、乙土地について小規模宅地等の特例を用い、また、妻Bは配偶者に対する税額の軽減を用いて相続税の申告を行うのがよいといえます。ただし、小規模宅地等の特例の適用を受ける土地の選択は、当該特例の対象となる土地を取得した全ての者の同意が必要です（租税特別措置法施行令40条の2第5項3号）。すなわち、本事例の場合で甲土地および乙土地ともに小規模宅地等の特例を適用できるとすれば、甲土地を相続した妻Bと乙土地を相続した長男Cの双方同意のうえで、どちらの土地に当該特例を用いるかを決定することになります。この点について同意ができなければ小規模宅地等の特例を使うことができません。

なお、小規模宅地等の特例および配偶者に対する税額の軽減ともに、申告期限までに相続人間で財産の分割ができていない場合には原則として適用できません（租税特別措置法69条の4第4項、相続税法19条の2第2項）。遺言がなければ相続人全員で遺産分割協議を行わなければならないところ、申告期限までに間に合わないときには、これらの制度を使わずに計算した相続税額で申告および納税をしなければなりません。ただし、当初申告書に「申告期限後3年以内の分割見込書」を添付したうえで申告期限から3年以内に分割した場合や、3年経過日までに分割できないやむを得ない事情があって税務署長の承認を受けたうえ当該やむを得ない事情がなくなった日の翌日から4か月以内に分割した場合にはこれらの制度を適用することができます。このような未分割での相続税申告を避けるためにも遺言の作成は重要であるといえます。

（＊1）減額される割合等は次の表4のとおりです。

(表4)
※平成27年1月1日以後の相続開始の場合

区分	限度面積（㎡）	減額される割合（％）
特定事業用宅地等	400	80
特定居住用宅地等	330	80
特定同族会社事業用宅地等	400	80
貸付事業用宅地等	200	50

（*2）貸付事業用宅地等は限度面積が200㎡であるため，乙土地の200㎡相当金額を用います（7,000万円×200㎡÷500㎡＝2,800万円）。

4 二次相続

　法令上の用語ではありませんが，例えば先に父が亡くなり次に母が亡くなる場合，父の相続を一次相続，母の相続を二次相続と呼ぶことがあります。

　一次相続においては前述のとおり配偶者に対する税額の軽減があるので，配偶者が財産を相続した場合においても1億6,000万円または法定相続分相当額までであれば配偶者の相続税額は0円です。ただし，一次相続では配偶者はあまり財産を取得しない方が，一次相続および二次相続でのトータルの相続税額が少なくなることがあります。

　例えば，妻Bに相続が発生した場合（二次相続）における基礎控除額は，妻Bの法定相続人が長男C，長女D，二男Eの3名とすれば，4,800万円です。したがって，妻Bが既に有する固有の財産額と妻Bが一次相続で取得する財産額の合計額が4,800万円を超える場合には，妻Bの相続においても長男C，長女Dおよび二男Eは相続税の負担が生じる可能性があります。

　本事例の場合で，すでに妻Bが固有財産を十分に有している場合であれば，税務上の観点からは妻Bには一次相続で必要以上に相続させなくてもよい場合があるといえます。もっとも，誰に何を取得させるかは，税負担だけではなく残される家族の生活などさまざまな事情に配慮して決める必要があるでしょう。

第2章　生前の対策　*67*

3 特殊な事情が存在する場合の対策

Q11 親が認知症になってしまった場合

| 関連条文 | 民法7条，同11条，同15条，同826条，同849条，同859条，同860条，同876条の3，同876条の8，任意後見契約に関する法律2条，同3条，同4条 |

事例

私Cの父Aは駅前の不動産をはじめ多くの財産を持っていますが，昨年認知症と診断され，既に息子である私を認識することもできません。このまま父が亡くなってしまうと相続税が多く課されることになるため，税理士から相続対策を勧められています。どうしたらよいでしょうか。

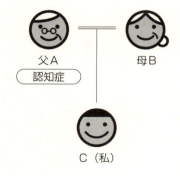

ポイント

① 意思能力を失ってしまうと父A本人が財産を動かすことができなくなってしまいます。認知症を発症している場合には意思能力が失われている可能性があります。

② 意思能力が失われている場合，父Aの財産を維持管理するだけであれば成年後見制度（民法7条）の利用が考えられますが，相続対策にはなりません。意思能力が明確に存在している時点において対策しておくことが重要です。

解説

1 意思能力とは

意思能力とは，自己の行為の結果（法的な効力）を認識し判断することのできる能力のことをいいます。事理弁識能力（民法7条）に相当する判断能力とされています。一般に7歳から10歳程度の知的レベルを満たせば意思能力はあるとされており，意思能力のない者のした法律行為は無効になります（大判明治38年5月11日）。

本事例で考えられる不動産の譲渡や遺言書の作成といった相続対策は，いずれも法律行為にあたります。そのため，父Aが既に意思能力を失っているのであれば相続対策をしたとしても無効となってしまいます。

父Aは既に認知症と診断されていますから，そのような状態で意思能力は認められるのか，すなわち意思能力の有無の判断基準がまず問題となります。つぎに仮に父Aに意思能力が認められなかった場合にはどのような対策が必要となるのか，あるいは必要であったのかが問題となります。

2 意思能力の有無の判断基準

意思能力の有無は，医学上の評価，行為者の年齢，行為前後の言動や生活状況，行為の動機・理由，行為に至る経緯，行為の内容・難易度，行為の効果の軽重，行為の意味についての理解の程度，行為時の状況等を材料として総合的に判断されます。したがって，医学上の評価，つまり父Aが医師から認知症の診断を受けているからといって，必ずしも父Aの意思能力が否定されるもので

はありません。

　もっとも，医学上の評価と法律上の意思能力の有無に関する判断が分かれることは少なく，むしろ通常は一致するものと考えられます。裁判においても，たびたび医学上の評価である長谷川式スケール（表5）の結果が参照されており，意思能力の有無とは一定程度の相関性があるものと認められます（表6）。

　長谷川式スケールとは，医療機関が用いる短時間で行うことのできる簡易知能評価テストです。9項目の設問で構成されており，30点満点中20点以下だと"認知症の疑いあり"，21点以上だと"非認知症"と診断されます。20点以下であっても"疑いあり"と診断されるに過ぎないので，さらに医療機関での診療が必要となることには注意が必要です。

（表5）
長谷川式スケール

	問い	採点方法
1	お歳はいくつですか	2歳までの誤差は正解1点
2	今日は何年何月何日何曜日ですか	年月日曜日各1点
3	今いる所はどこですか	自発的2点，選択肢1点
4	これから言う3つの言葉を覚えておいてください	植物，動物，乗り物から選択
5	100から7を順に引いてください	100から7引くと？ そこから7引くと？（各1点）
6	これから言う数字を逆から言ってください	3桁と4桁を質問（各1点）
7	先ほど覚えてもらった言葉を言ってください	自発的各2点，ヒント各1点
8	5つの物を見せ，隠した後に何があったかを言ってください	各1点
9	野菜の名前を思いつく限り言ってください	6品目以降1品目ごとに1点，10品目で5点

(表6)

長谷川式スケールの結果が主張された裁判例

	点　数	能　力	備考
東京高判平成12年3月16日	4点	なし	遺言内容が複雑
京都地判平成13年10月10日	4点	あり	看護師と会話
東京高判平成21年8月6日	8点	なし	
横浜地判平成18年9月15日	9点	なし	日課を理解困難
東京高判平成22年7月15日	11点	なし	遺言9か月後に検査
東京地判平成25年7月19日	12点	あり	
東京地判平成25年10月9日	13点	あり	遺言内容が簡単
東京地判平成24年7月6日	15点	あり	会話可能
名古屋高判平成9年5月28日	15.5点	あり	会話可能
東京高判平成10年8月26日	21点	あり	遺言内容が簡単

3 意思能力がないとき

(1) 成年後見制度

　意思能力が低下していたり失われていたりする場合，その人は取引を行うことができなくなってしまい日常生活にも支障を来たしかねません。また，かかる状態にあることにつけこまれ，財産が脅かされる危険もあります。そこで，このような人を保護するため，民法は法定後見制度を設けています。

　法定後見制度は，意思能力低下の程度に応じて，補助，保佐，成年後見の3段階の制度を設けており，家庭裁判所が選任した補助人，保佐人，成年後見人が本人に代わって財産管理等の事務を行います。

　法定後見制度を利用するには，次の手続が必要となります。

　まず，本人，配偶者，父母や子など一定の親族，後見人等，検察官が家庭裁判所へ申立てを行います（民法7条，11条，15条，家事事件手続法117条別表第一）。

申立てには，申立書，診断書，本人の戸籍謄本，後見人等候補者の戸籍謄本，住民票，身分証明書，登記事項証明書の提出のほか，収入印紙等の手数料を支払う必要があります。

　家庭裁判所が親族等からの申立てを受けて後見人等を選任し，開始の審判を行うことによって法定後見は開始します。後見人等には申立書に候補者として記載された近親者が選任されることが多いですが，財産規模が大きく管理が難しい場合等には，弁護士等の有資格者が選任されます。また，補助人，保佐人，後見人とは別に，これらの者に対する監督人が選任されることもあります（民法 849 条，876 条の 3，876 条の 8）。

　成年後見が開始すると，後見人等は本人に代わって本人の財産の維持管理を行うことになります（民法 859 条等）。本人と成年後見人との間で利益が相反する場合，例えば本人と成年後見人との間で贈与や売買を行うような場合（利益相反行為といいます）には，成年後見監督人が選任されている場合には成年後見監督人が代わって（民法 860 条但書），選任されていない場合には申立てに基づき家庭裁判所が選任した特別代理人が代わって（民法 826 条 1 項），当該行為を行うことになります。

(2) 任意後見

　法定後見制度とは異なり，家庭裁判所による後見人等の選任を経ずに，本人の意思で，将来自分が認知症などを患った場合に備えて，信頼する人（任意後見受任者）に財産管理を委ねる契約を締結することもできます。これを任意後見契約といいます（任意後見契約に関する法律 2 条）。

　任意後見契約は，法務省令で定める様式の公正証書により締結しなければいけません（任意後見契約に関する法律 3 条）。また，契約締結後に任意後見契約の登記をする必要もあります（後見登記等に関する法律 5 条）。その後，本人の意思能力が失われると，本人，配偶者，父母や子など一定の親族または任意後見受任者は家庭裁判所に任意後見監督人の選任を請求します（任意後見契約に関する法律 4 条）。つまり，原則として，任意後見契約においては後見監督人が選任されることになります。

後見人が本人に代わって本人の財産を維持管理することにより，意思能力のない本人の財産保護および意思の尊重を図ることができます。もっとも，後見制度を利用することは相続対策には結びつきません。例えば，相続対策として，本人（将来の被相続人）から子など（将来の相続人）へ財産を贈与することがありますが，それは本人の立場からみれば，単に財産を流出させる行為だといえます。後見人は本人の利益を保護すべき責務を負っていますから，このような行為を行うわけにはいかないのです。それ以外にも，本事例で，私Cが父Aの後見人に選任された場合，ＡＣ間の取引は利益相反取引となるため特別代理人を選任しなければならないなどの手間が生じることにも注意が必要です。

　以上のとおり，後見制度は相続対策に結びつかないことから民事信託の利用が注目されています（Q14参照）。もっとも，すでに認知症を患っていて意思能力が失われてしまっている場合には，法定後見制度の利用しか選択肢はなくなってしまいますので，まだ元気なうちに対策しておくことが最も重要なことだといえます。

3 特殊な事情が存在する場合の対策

Q12 相続人の一人に知的障害がある場合

| 関連条文 | 民法908条，同985条，同987条，同1002条，同1027条 |

事例

　私Aには，知的障害を持つ二男Eがいます。二男Eは現在40歳ですが，知的能力は6歳程度と診断されています。私が死んだあと，二男Eは近くに住む長女Dが面倒を見てくれると言ってくれていますので，その分長女Dには多くの財産を遺したいと思っています。どうしておけばよいのでしょうか。

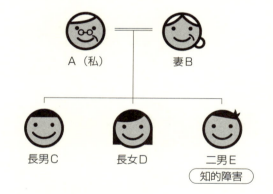

ポイント

① 　長女Dに対し，二男Eの面倒を見ることを条件とした負担付き遺贈をすることが考えられます。負担付き遺贈をすることによって，二男Eの生活を保障するだけでなく，多くの財産を相続することになる長女Dの相続税の負担を軽減することができます。ただし，二男Eの生活保障を確実なものとする

ためには，長女Dが履行すべき負担の内容に注意が必要です。

解説

❶ 負担付き遺贈とは

　負担付き遺贈とは，遺言により，遺贈者（ここでいう私A）が受遺者（ここでいう長女D）に対して，遺贈者の死後，受遺者に一定の負担を履行して貰うことを条件に財産を譲ることをいいます（民法1002条）。
　二男Eのように，受遺者が負担を履行することによって利益を受ける人のことを受益者といいます。
　一定の負担の例としては，自宅を相続させる場合に住宅ローンの支払いといったひも付きの金銭債務の負担の履行を条件とするものだけではなく，残された配偶者と同居して介護することを条件とするものや，本事例のように障害を抱えた家族の面倒を見ることを条件とするものなどが挙げられます。また，「二男Dに現金1,000万円を譲るが，そのうち200万円は××に寄附すること。」といった，いわゆる裾分け遺贈も負担付き遺贈のひとつといえます。
　このように，受遺者に課される負担には様々なものが考えられますが，「10年前に死んだ愛犬を生き返らせること。」のような実現不可能なものや，「二男Eの愛人になること。」などのように公序良俗（民法90条）に反するもの，「生涯再婚しないこと。」などのように一身専属的な行為で法律上強制することが認められないものについては，その負担は無効とされます。条文上の規定はありませんが，このような場合，通常は，遺贈は負担付きでない単純な遺贈になるものと考えられます。もっとも，遺贈者の意思として，負担が履行されないのであれば遺贈することはなかったと考えられるような場合には，遺贈そのものが無効になるものと考えられます。
　以上の例とは別に，受遺者が履行すべき負担内容が不明確であれば，遺贈者の企図したとおりの効果は生じません。例えば，本事例で私Aは長女Dが二男

Eと同居しながら生活の面倒を見て欲しいと思っていた場合に，単に遺言で「二男Eの面倒を見ること」としたとします。この場合，長女Dは別居しながら二男Eの生活資金を提供するだけ，あるいは，二男Eを福祉施設に入所させるだけでも「面倒を見た」ともいえ，私Aが思っていたとおりの二男Eの生活保障が図れないおそれがあります。そこで，負担付き遺贈を実効あらしめるためには，受遺者が履行すべき負担の内容を明確に定めておくことに注意する必要があります。

2　負担付き相続とは

例えば，遺言で「二男Eと同居して面倒を見ることを条件として，長女Dに自宅土地・建物を相続させる。」とする場合があります。これが負担付き相続です。

「相続させる」旨の遺言は，原則として，遺産分割方法の指定（民法908条）であると解釈されます（最判平成3年4月19日）。したがって，厳密には負担付き遺贈と負担付き相続は異なる法律行為です。

しかし，法的効力に両者の間に差異は生じないと考えられますので，本項で述べるところは全て負担付き相続の場合にも妥当します。

3　負担付き遺贈の効力の発生

遺贈の効力は遺贈者の死亡によって発生します（民法985条参照）。したがって，負担が履行されたか否かは遺贈の効力に影響を及ぼしません（そのため，負担の履行を確保する手段が問題となります。後記**4**）。

受遺者が負担付き遺贈を承認することで，受遺者に負担を履行する義務が発生します（民法987条前段参照）。もっとも，受遺者が負担する義務は，受遺者が遺贈により得た財産の価額の範囲内に限られます（民法1002条1項）。そのため，法律上の建付けとしては，受遺者が負担付き遺贈を承認することによ

って損をすることがないようになっています。

とはいえ、例えば、家族の面倒を見ることを負担の内容とした場合、人間関係のもつれなどの理由により、その負担を受遺者としては受け入れ難い場合もあり得ます。そのような場合には、受遺者はその遺贈を放棄（民法986条）することで負担の履行から免れることができます。

受遺者が遺贈を放棄した場合には、遺言で別段の取り決めがされていない限り、受益者が受遺者となることができます（民法1002条2項）。本事例でいえば、長女Dが遺贈を放棄した場合には、長女Dが受け取るはずであった財産を、二男E自らが受け取れるということです。二男Eは自ら受遺者となることで、自身の権利を確定させて遺贈の利益を享受することができることになります。

4　負担が履行されないとき

負担が履行されない場合、相続人または遺言執行者（民法1012条1項）は、受遺者に対して、相当の期間を定めて負担を履行するよう催告することができます（民法1027条前段）。そして、相当の期間が経過しても受遺者が負担を履行しないとき、相続人または遺言執行者は、家庭裁判所に負担付き遺贈の取消しを請求することができます（民法1027条後段）。

これらの請求は、受益者には行い得ないものと考えられています。したがって、負担の履行を確実なものとするためには、相続人または遺言執行者を指定し、受遺者を監督していく体制を整えておく必要があります。

また、負担付き遺贈が取り消されると、遺贈は初めから無かったものとされ、対象財産は相続人に帰属することになります（民法995条本文）。したがって、相続人が複数いる場合には、対象財産について遺産分割協議を行うことになります。なお、相続人には負担付きの財産が帰属すると考える説も有力ですが、この点について判断した裁判例はまだありません。

そのほか、最近は、負担付き遺贈よりも確実に受益者の利益を図ることのできる制度として、信託の活用が注目されています（Q14参照）。

5　税務上の取扱い

　遺贈により取得した財産の中に，負担付き遺贈により取得した財産がある場合には，その財産の価額は，次の算式により計算した金額とされます（相続税法基本通達11の2-7）。

　財産評価額＝
　負担がないものとした場合における当該財産の価額－負担すべき金額

　すなわち負担付き遺贈により取得した財産の価額は，負担がないものとした場合における当該財産の価額から負担すべき金額を控除した価額となります。なお，負担すべき金額は，当該遺贈のあった時において確実と認められる金額に限られます。本事例では，長女Dに対し，二男Eの面倒を見ることを条件としていますが，負担付き遺贈による負担すべき金額について確実と認められる金額を算出することができないため，相続税の計算上は控除できないと考えます。
　したがって，長女Dの相続税の計算上控除するためには，生活費として1年間500万円を10年間にわたって負担する等，負担すべき金額を明確にする必要があります。

3 特殊な事情が存在する場合の対策

Q13 財産を渡したくない相続人がいる場合

関連条文	民法887条,同891条,同892条,同893条,同894条

事例

　私Aは，CDEの子がいますが，二男Eはギャンブルが好きでお金があるとすぐ浪費してしまいます。たまに私のところに顔を出すと思うと，金の無心ばかりです。私がそれをとがめると暴言を吐き，すぐに出て行ってしまいます。私の財産はできれば二男Eには渡したくないと考えています。推定相続人の廃除という方法があると聞いたのですが，私も二男Eを廃除することは可能でしょうか。

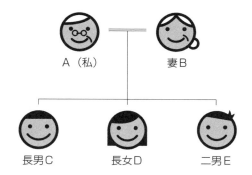

ポイント

① 　二男Eのギャンブルによる浪費に加えて，二男Eが私Aの財産を使い込んでいたり，二男Eの暴言が私Aの人格を否定する程のひどいものであったり

するなどの事情が認められる場合には，二男Eを推定相続人から廃除することができます。
② 二男Eを推定相続人から廃除した場合には，その旨の戸籍届をする必要があります。
③ 相続税の計算上，推定相続人の廃除が認められた場合，法定相続人の数に影響を与え，結果，相続税の計算が変動することになります。

解説

1 推定相続人の廃除とは

推定相続人の廃除とは，相続欠格事由（表7）に該当しないものの，被相続人から見て相続させたくないと考えるのもやむをえないような事情がある場合に，被相続人の意思に基づいて相続人たる地位を失わせることをいいます（民法892条，893条）。

（表7）

相続欠格事由（民法891条各号）

（ⅰ）被相続人または優先相続人を殺害または殺害しようとして刑に処せられた
（ⅱ）被相続人が殺害されたのを知って告発・告訴しなかった（是非弁別能力を欠く場合，殺害者が配偶者・直系血族である場合を除く）
（ⅲ）詐欺・強迫により遺言を妨げた，撤回・取消し・変更を妨げた
（ⅳ）詐欺・強迫により遺言をさせた，撤回・取消し・変更させた
（ⅴ）遺言書を偽造，変造，破棄，隠匿した

本事例のように，特定の相続人（二男E）に被相続人（私A）が財産を相続させたくないと考えた場合に，単に私Aが遺言で財産の全てを他の相続人（長男Cと長女D）に相続させたり，第三者に遺贈したりしただけでは，二男Eは自己の遺留分（民法1028条）を主張することができるため，二男Eが納得し

ていない限り，まったく財産を渡さないというわけにはいきません。

　しかし，推定相続人の廃除が認められれば，二男Eは相続人たる地位を失うことになるので，二男Eの納得を得ていなかったとしてもまったく財産を渡さないこともできます。このことから，推定相続人の廃除をして意味を有するのは，廃除される推定相続人が遺留分を主張できる地位にある場合，すなわち，兄弟姉妹以外の相続人を廃除する場合に限られる，ということがわかります。

　なお，廃除された推定相続人に子がいる場合，本事例でいえば，二男Eに子がいる場合は，二男Eの子が二男Eに代わって二男Eが受けることのできた財産を相続することができます（代襲相続，民法 887 条 2 項）。

2　廃除事由

　民法 892 条は，廃除事由として，（ⅰ）被相続人に対する虐待行為があったこと，（ⅱ）被相続人に対する重大な侮辱行為があったこと，（ⅲ）その他の著しい非行があったことを掲げています。法文上，「その他の」と記載されていることから，（ⅰ）（ⅱ）は（ⅲ）に掲げる「著しい非行」の内容を例示したものだといえます。

　推定相続人の廃除は，相続人に対して最低限の相続分を保障した遺留分すら失わせる行為であることから，単に推定相続人が被相続人に対して不快な言動をしたというだけでは足りず，その行為が，客観的に見ても家族関係を破壊するほどに重大な言動であることが必要となります（東京高決平成 8 年 9 月 2 日）。

　また，問題となる推定相続人の言動が，被相続人の言動に起因する場合や一時的なものに過ぎない場合などには，廃除事由として認められない場合もあります（表 8）。平成 27 年度の司法統計によると，認容されたのが 47 件，却下が 96 件，取下げが 61 件であり，なかなか廃除は認められないということがわかります。

(表8)

廃除を認めた裁判例

東京高決 平成4年12月11日	被相続人の反対を無視し暴力団員と結婚し，勝手に被相続人の名で披露宴の招待状を出した
大阪高決 平成15年3月27日	被相続人の財産を賭博で費消し，自宅を売却せざるを得ない状況に追い込んだ
福島家審 平成19年10月31日	養親（被相続人）には介護が必要であったのに元妻に任せきりで，離婚後は養育費等を支払わなかった
京都家審 平成20年2月28日	幼少期より非行，交通事故，借金を重ね，被相続人がその賠償等をしてきた
釧路家北見支審 平成17年1月26日	末期がんを患い自宅療養中の被相続人に不適切な環境での生活を強い，人格を否定する発言をした

廃除を認めなかった裁判例

東京高決 昭和49年4月11日	被相続人を背任罪で告訴した（告訴は侮辱に該当するものの，原因が被相続人にあり行為も一時的）
福島家審 平成元年12月25日	消費者金融から多額の借金を繰り返した
東京高決 平成8年9月2日	日常的な暴力・侮辱はあったが相互に原因があり，改築費用の負担や家業の手伝いなど一定の協力関係にあった

3 廃除の方法および手続

推定相続人の廃除には，(ⅰ)生前に被相続人が家庭裁判所に申し立てる方法（民法892条）と，(ⅱ)遺言による方法（民法893条前段）の二つがあります。

(ⅰ)の方法による場合，家庭裁判所による審判の確定によって，推定相続人は相続人たる地位を失います。審判の確定により廃除が決まった後は，被相続人は，審判の確定から10日以内に決定通知書や調停調書の謄本を添付して戸籍届をしなければなりません（戸籍法97条，63条1項）。

(ⅱ)の方法による場合，遺言の効力が生じた時（民法985条）より後に遺

言執行者が家庭裁判所に申し立てることになります。廃除された推定相続人は，被相続人が亡くなった時点に遡って相続人ではなかったことになります（民法893条後段）。審判では，裁判所は当事者の主張に拘束されることなく独自に関係者の話を聞くなどして事実関係を調査確認し，廃除事由の有無を判断することもあります。

　（ⅱ）の方法による場合には，遺言の内容が推定相続人を廃除する趣旨なのか，単に相続分を定めた趣旨なのかが争われることがあります。例えば，単に「二男Eには相続させない。」とする遺言は，私Aに二男Eを相続人から廃除する意思があったのか，それとも二男Eの相続分は0とする意思であったのかが明らかではないからです。

　このように遺言の内容が一義的に明らかでない場合には，その前後の文脈等から被相続人の意思を推測することになりますが，「今までの仕うちをゆるしません。きめたとおり××を私の相続人としますから」という遺言につき，廃除の意思表示とはいえないと判断した審判例も存在するところです（大阪家審昭和43年1月17日）。

　遺言内容が，単に二男Eの相続分を0とする意思表示であると解釈される場合には，二男Eはなお遺留分を主張することができることになります。したがって，遺言で確実に二男Eに財産を渡さないようにするためには，二男Eを相続人から廃除する旨であることを明確に表示しておかなければならないことに注意する必要があります。

　なお，被相続人が廃除した推定相続人を元のとおり相続人の地位に戻したいときには，いつでも，家庭裁判所に廃除の取消しを申し立てることができます（民法894条1項）。この場合，推定相続人は初めから相続人の地位を有していたことになります（民法894条2項，893条後段）。

4　廃除が認められない場合

　廃除以外にとり得る手段として，以下のものが考えられます。

まず，推定相続人が配偶者の場合は，離婚（民法763条，770条）によって，養子や養親の場合は，離縁（民法811条，814条）によって，相続人たる地位を失うことになります。

また，先に述べたとおり，被相続人の兄弟姉妹には遺留分が存在しません（民法1028条）。したがって，相続させたくないのが兄弟姉妹の場合は，それ以外の者に財産の全てを相続させるか，第三者に全て遺贈することで足ります。

他方で，相続させたくない推定相続人が実親または実子である場合には，冒頭で述べたとおり，遺言や遺贈により全ての財産をこの推定相続人以外の者に譲ったとしても，この推定相続人は遺留分を主張することができます。

本事例でいえば，二男Eに推定相続人の廃除事由があると認められない場合には，二男Eが遺留分を主張したときには，遺留分に相当する財産を二男Eに渡さなければならないことになります。

5　税務上の留意点

推定相続人の廃除が認められた場合，相続人たる地位を失うことになります。したがって，法定相続人の数に影響を与え，結果，相続税の計算が変動することになります。

本事例ではCDEの子がいますが，二男Eを推定相続人から廃除することが認められた場合，仮に二男Eに代襲相続人がいないときには法定相続人が1人減少し，CDの2人となってしまい，相続税の計算上，遺産に係る基礎控除額は4,800万円（3,000万円＋600万円×法定相続人の数3人）から4,200万円（3,000万円＋600万円×法定相続人の数2人）となります。相続税の計算は，法定相続人の数と法定相続分に基づいて計算されるため相続人に異動が生じた場合には，相続税の計算が変わることになります。

相続税の申告期限前までに推定相続人の廃除が認められれば，廃除を考慮して相続税の申告を行いますが，相続税の申告期限後に廃除が認められた場合には，相続人に異動が生じるため申告後であっても相続税の修正を行う必要があ

りますので留意が必要です。

3 特殊な事情が存在する場合の対策

Q14 相続における信託の有効な使い方

| 関連条文 | 信託法89条，同91条 |

事例

私はもう75歳なので，相続対策を始めようと思っています。最近，信託を使った対策もあると聞きました。対策を行う場合には，できるだけ相続人である子供たちがもめない形にしたいと思います。具体的にはどのようにすればよいのでしょうか。

ポイント

① まずは，ご自身の相続についての希望を確認することから始めるべきです。信託は，財産を活用しながら次世代につなぐことができ，遺言等民法の規定では適切に対応することができない事例でも対応できる場合があります。ご自身の相続についての希望を整理した上で，遺言等では対応が難しい場合であれば，信託の利用を検討するべきです。

② 遺言等で対応が難しい事例として，自分が遺贈した者の次に当該財産を受ける者を指定すること（いわゆる後継遺贈），撤回できない遺言を作成すること，相続させる者を現時点では指定せず，相続人の代表者に決めてもらう遺言を作成することなどが考えられます。

③ また，紛争の原因となりやすい共有を予防するために信託を用いる場合もあります。

解説

1 信託について

　信託の本質は，信用できる第三者に財産を託すことにあります。自分の財産を託す人のことを委託者といい，そして財産を託される人を受託者といいます。そして，財産から利益を受け取る人，つまり財産を使ったり，売って利益を受け取る人のことを受益者といいます。この委託者，受託者，受益者が信託における登場人物です。

　契約により信託を設定する場合，委託者と受託者の間で，信託契約を締結し，財産名義を変えることにより，信託が始まります。例えば，不動産を信託する場合は，不動産の登記上の所有者は委託者から受託者に変更されます。このことで不動産の形式的な所有権は受託者に移転します。形式的な所有権と表現した理由は，当該不動産から生じる地代などの実質的な利益は，受託者が取得するのではなく，受益者が取得するからです。受託者は，委託者から信託された財産の管理・運用などを依頼されており，その管理・運用を円滑に行うために形式的な所有者の地位を得ます。

（図2）

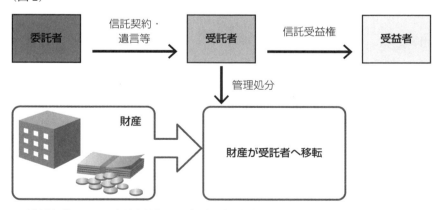

　信託契約という方法以外にも遺言や信託宣言により，信託を設定すること

ができます。相続対策という点では，遺言で信託を組成しても差し支えありません。しかし，相続対策の場合であっても，信託契約の方法により設定されている例が多いです。これは，生前から信託を始めることで，自身の判断能力が低下した際の財産管理を受託者に委ねることができるというメリットがあるからです。

また，遺言による信託に代わって，自身が死亡したことを停止条件とする信託契約（遺言代用信託）が作成される場合もあります。信託契約を作成することで，遺言による信託と異なり，受託者と信託設計の時点から相談した上で信託のスキームを作り込むことができ，信託の実効性が高められる場合が多いからです。

2 受益者連続型信託

(1) 受益者連続型信託とは

遺言で対応できないものの，実務的にニーズが多い例は，後継遺贈を希望する場合です。遺言者は，遺言の中で自分の財産を相続させる者を決めることができます。ただ，当該財産を相続させる者が死亡した後に当該財産を相続させる者まで決めることはできません。例えば，先祖代々の守ってきた土地だからなどの理由で，自分の土地を自分の長男に相続させ，長男の次は長男の子供に相続させたいという事案です。このニーズを遺言で対応することはできませんが，信託であれば，受益者連続型信託を組成することにより対応することができます。

なお，後継遺贈の有効性に疑問があることについてはQ9を参照してください。

信託契約などの中で，受益者が死亡した場合，その者の受益権を消滅させ，他の者が新たな受益権を取得する旨の規定を設けることができます（信託法91条）。この規定がある信託を受益者連続型信託といいます。

(2) 受益者連続型信託の具体例

　受益者連続型信託が使われる場面は、前述したような相続させたい者が決まっている事案の他は、子供がいない夫婦の事案が典型例です。例えば、夫は、死後に妻に財産を残したいという希望を持っている一方で、妻の死後には、その財産は妻の兄弟ではなく、夫の兄弟に戻してほしいと希望されることがあります。受益者連続型信託を用いるとこの希望を実現させることができます。

　信託契約の場合で考えます。まず、現状で、夫が財産を所有していますから、夫が委託者となります。

　次に財産を委ねる受託者を決定します。受託者は信頼できる第三者にお願いをするべきです。受益者連続型信託は信託契約の期間が長くなりますので、最後まで受託者としての業務を行うことができる者に依頼する必要があります。本事例では、最終的には夫の兄弟に財産を承継させていく予定ですから、夫の兄弟の子（夫からみた甥）などが適切と考えます。また、受益者連続型信託の場合、長い信託契約期間の間に受託者が先に死亡してしまうというリスクがあります。そのため、受託者を法人とする場合や第一の受託者に万が一のことがあった時のために予備の受託者を定めておく場合が一般的です。

　当初受益者は夫となります。第二受益者は妻となり、第三受益者（または権利帰属者）は夫の兄弟となります。この例のように委託者が受益者となる信託を自益信託といいます。反対に、委託者以外の者が受益者となる信託は、他益信託といいます。他益信託を設定すると設定の時点で贈与税などの税金が発生する可能性があります。そのため、当初は自益信託として設定される信託が大半です。受益者連続型信託の税制については後述する**3**を確認してください。

(3) 期間制限

　受益者連続型信託を組成する際、期間制限があることに注意が必要です（信託法91条）。

　条文上は、「受益者の死亡により、当該受益者の有する受益権が消滅し、他の者が新たな受益権を取得する旨の定めのある信託は、当該信託がされた時から三十年を経過した時以後に現に存する受益者が当該定めにより受益権を取得

した場合であって当該受益者が死亡するまで又は当該受益権が消滅するまでの間，その効力を有する。」とされています。

簡単にまとめると，信託契約締結後30年が経過したら，受益権の承継は1回のみ有効ということです。

(図3)

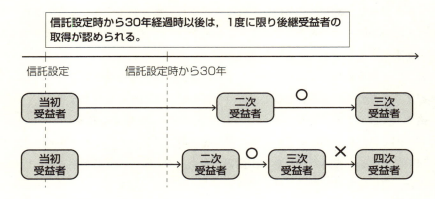

3 税務上の取扱い

(1) 信託設定時

夫が委託者，受託者は甥，第一の受益者は夫，第二の受益者は妻，第三の受益者は夫の兄である受益者連続型信託を設定した場合の信託設定時の課税関係は，委託者＝受益者（自益信託）であるため，設定時に夫に対する課税関係は生じません。なお，本事例における不動産を信託する場合に，不動産の登記上の所有者は委託者から受託者に移転されますが，税務上は，実際にその収益を享受するのは受益者である夫であるため，受託者である甥にも課税はされません。

(2) 夫が死亡した場合

夫が死亡した場合，第二の受益者である妻は，夫から信託受益権の遺贈があったものとみなされます（相続税法9条の2第2項）。この場合，妻は信託財

産である不動産を取得したものとみなされ、相続税が課税されます（相続税法9条の2第2項、6項）。

(3) 夫の死亡後に妻が死亡した場合

夫の死亡後に妻が死亡した場合、第三の受益者である夫の兄は、第二の受益者である妻から信託受益権の遺贈があったものとみなされます（相続税法9条の2第2項）。この場合、夫の兄は信託財産である不動産を取得したものとみなされ、相続税が課税されます（相続税法9条の2第2項、6項）。また、その相続税の計算上、夫の兄は相続税の2割加算の対象者となります（相続税法18条1項）。

4 その他遺言で対応できない場面について

(1) 撤回禁止の遺言

遺言は遺言者が自由に撤回することができます。そのため、遺言者と相続人が協力して、遺言者の死後について対策を進めていたとしても、遺言者が遺言の内容を撤回変更することにより、当該対策の効力が失われてしまう可能性があります。また、遺言者の判断能力が衰えてきた頃に、第三者が遺言者に上手く取り込んで自身に有利な遺言の内容に変更させてしまうケースがあります。

信託契約の場合、その信託契約の変更を行うにあたって、原則として、委託者、受託者、受益者の合意が必要となります（信託法149条1項）。そのため、遺言のように知らない間に遺言の内容を変更されているということはありません。ただし、受益者は受益権を放棄することはできる（信託法99条）ため、委託者の思いと異なる者に財産が承継される可能性は残ります。

なお、信託契約の変更について誰の合意が必要になるか信託契約の中で決めておくことも可能であり、必ずしも、三者の合意が必要となるものではありません。

(2) 受益者指定権

遺言により、相続分の指定および分割方法の指定を第三者に委託することは

可能です（民法902条1項，908条）。ただし，相続人に指定を委託することはできないと考える立場が通説的です。そのため，指定を委託する第三者に適任者がおらず，相続分の指定や分割方法の指定を第三者に委託することが難しい場合があります。

一方，信託を用いる場合，受益者指定権（信託法89条）を設定することができます。受益者指定権を与えられた者は受益者を選択することができます。これにより，相続分の指定および分割方法の指定を委託した遺言と同様の効果を発生させることができます。信託法上この受益者指定権を与える者には限定がありません。そのため，相続人のうちの一人に受益者指定権を与えることも可能と解釈できます。ただし，この場合，利益相反等や税務の問題については検討する必要がありますので，注意が必要です。

5 共有を予防するための信託

相続財産に高価な不動産がある一方で流動資産が少ない場合など，相続人に財産を分割することが難しいケースがあります。この場合，不動産を共有にすることで遺産分割を成立させることもあります。しかし，共有にした結果，当該不動産の管理処分について共有者間で意見が合わず，紛争に発展してしまう可能性があります。

こういった場面で，共有を予防するために信託を用いることができます。信頼できる者を受託者として，相続人を受益者として整理をすれば，物件の管理は受託者に委ねて，地代等の収益を受益者が取得する仕組みを作ることできます。相続人同士に対立があったとしても，物件の運営は受託者がコントロールしているので，その対立の影響を受けることが少なく，収益物件を安定して運用することができます。

 信託と遺留分

信託契約や遺言代用信託により信託を設定する場合にも，民法の遺留分の規

定（民法 1028 条以下）は当然に（類推）適用されると考えられています。そのため，信託を設定する場合にも相続人に認められた遺留分の存在を無視するわけにはいきません。

　遺留分減殺請求の対象や相手方について定説はなく，公刊された裁判例も存在しませんが，現在のところ，委託者による受益権の付与が遺留分減殺請求の対象となり，遺留分減殺請求の意思表示は受益者に対して行う見解が有力です。もっとも，遺留分減殺請求を行うためには遺贈または贈与された財産額を把握できなければなりませんが（Q33 参照），受益権の評価方法が確立されていないなど，信託と遺留分については，多くの問題点が残されています。

第3章
相続発生後の対応

> 1 相続発生直後の対応

Q15　相続放棄を行う場合

| 関連条文 | 民法 915 条，同 921 条，同 938 条，同 939 条 |

事例

　先日亡くなった父Aは，事業に失敗し，亡くなった際には多額の借金を負っていました。多少の預金は残っていますが，おそらく借金の方が多いのではないかと思います。これらの借金を相続人である私Cも負わなければならないのでしょうか。

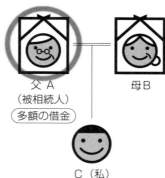

ポイント

① 　私Cは，相続放棄することによって，父Aの負っていた借金を負わないようにすることができます。

② 　相続放棄は，父Aの相続開始を知ってから3か月以内に，申述書を家庭裁判所に提出して行います。

③ 　私Cが，相続放棄の前後において，父Aの相続財産を処分・消費したり，

第3章　相続発生後の対応

隠したりしたときには、相続人はその相続を単純承認したものとみなされ、もはや相続放棄することができなくなるため注意が必要です。
④ 相続税の計算上、相続人に該当しないと適用がない制度があります。相続を放棄したため相続人にならなかったものとされた場合には適用できない制度があるため注意が必要です。

解説

1 相続放棄とは

相続放棄とは、相続人（私C）による被相続人（父A）の財産を包括承継する権利を遡及的に消滅させる意思表示のことをいいます（民法938条）。

相続人は、被相続人が亡くなった時に被相続人が生前有していた財産（資産のみならず借金等の負債も含めた一切）を相続することになります（民法896条本文）。しかし、相続放棄をすれば、私Cは初めから父Aの相続人ではなかったものとみなされ（民法939条）、財産を相続しないことになります。

相続放棄は、家業等の後継者に財産を集約して相続させる場合にもよく用いられていますが、被相続人の負債を相続することを避ける場合にもよく用いられています。

なお、本稿で説明する法定の相続放棄とは異なり、特定の相続人の相続分を0とする特別受益証明書や遺産分割協議書を作成して行われる事実上の相続放棄も存在します。しかし、安易に事実上の相続放棄を利用すると、財産は相続できずに借金だけ法定相続分で相続するという事態も起こり得ますので、その利用には慎重な判断が必要となります。

2 熟慮期間

相続放棄は、相続人が「相続の開始があったことを知った時」から3か月以

内に手続きしなければならず，3か月を経過すると相続を承認したことになります（民法921条2号，915条1項）。この相続を放棄するか承認するか判断するための3か月間を熟慮期間といいます。

「相続の開始があったことを知った時」とは，（ⅰ）相続開始の原因たる事実（父Aの死亡）を知り，（ⅱ）それによって自分が相続人となったことを知った時のことをいいます（大決大正15年8月3日）。

相続人は，（ⅰ）および（ⅱ）を認識した時から3か月以内に後記方法により相続財産を調査確認し（民法915条2項），相続を放棄するのか承認するのかを決定して必要な手続をとらなければならないことになります。

もっとも，熟慮期間内に調査を完了することが困難な場合には，相続人などの利害関係人または検察官の請求により，家庭裁判所は熟慮期間を伸長することがあります（民法915条1項但書）。例えば，生前に被相続人とまったく交流のなかった甥・姪が相続人となった事案で，熟慮期間の伸長が認められたことがあります。

3 相続財産・負債の確認方法

相続放棄をすると，負債だけでなく資産も相続できないことになってしまいますから，負債の合計額が資産の合計額を確実に上回っているといえる場合にのみ相続放棄すべきだといえるでしょう。

本事例では，父Aが亡くなった時点で多額の借金を負っていたことはわかっているものの，預金も残されており，"おそらく"借金の方が多いと予想しているに過ぎません。そこで，父Aの相続人が本当に相続放棄すべきであるのかどうかを判断するためには，父Aが生前有していた財産を確認する必要があります。

父Aが生前に万一の場合に備えて財産目録を作成していた場合には，その目録を見れば足ります（もっとも，財産目録作成後の財産変動には注意が必要です）。

それ以外の場合の確認方法としては，次の手段が考えられます。

(1) 預貯金

預貯金の残高は通帳や証書で知ることができます。

相続発生時は被相続人が亡くなった日です（民法882条）。したがって，父Aが亡くなった日の預貯金残高を知る必要があります。父Aが最後に記帳した時から長期間が経過している場合には，相続人等で記帳して確認する必要があります。

なお，インターネット銀行では通常は通帳等の発行がありません。父Aが使っていたパソコンの履歴等で利用の有無を確認します。

通帳や証書がない場合には，金融機関に残高証明書を発行してもらうことによって被相続人の預貯金の残高を知ることができます。そこで，父Aが利用していた可能性のある金融機関に対して口座の有無を問い合わせ，残高証明書を発行してもらう必要があります。

なお，残高証明書の発行は任意の時点を選択できますが，通常必要なのは死亡日の残高証明書です（ただし，預金の無断引出しが疑われる場合など，現在の残高証明書が必要となる場合もあります）。

残高証明書は，金融機関の窓口で残高証明書を取得したい旨を申請すれば発行してもらうことができ，取得できます。

(2) 土地・建物

土地・建物等の不動産については，固定資産税の課税明細書があれば所有権等の有無や評価額がわかります。もっとも，固定資産税は毎年1月に課税されるため，それ以後に譲渡するなどして所有権を失っている可能性もあります。そこで，不動産登記事項証明書を取り寄せ，所有権の有無を確認する必要があります。不動産登記簿にはその不動産が共有である場合には持分割合も記載されますので，その確認のためにも取り寄せる必要があります。

(3) 借金等

借金等の負債については，父A宛の請求書や契約書・借用証により確認することができます。また，口座履歴の振込み先から推測することも可能です。

その他，クレジットカード情報や個人消費者金融からの借入金などを管理している個人情報信用機関（CIC，JICC）に被相続人の情報開示を求めることにより確認することもできます。

4　相続放棄の方法・要件

相続放棄は熟慮期間内に家庭裁判所に申述書を提出して行います（民法938条，家事事件手続法201条5項）。家庭裁判所が申述を受理する審判をすれば放棄が成立します。

一度，相続放棄が受理されるともう撤回はできません（民法919条1項）。

なお，相続の承認・放棄の意思決定の機会を保障する趣旨から，相続開始前（父Aの生前）にされた放棄は無効とされます。

放棄は代襲原因にはあたらないので（民法887条2項），相続を放棄した元相続人の子が元相続人を代襲して被相続人を相続することはできません。したがって，被相続人の配偶者と子が相続人であった場合に，子が相続放棄をした場合には，配偶者と被相続人の両親が法定相続人となります（民法900条）。

5　相続放棄前後の財産の処分

熟慮期間中，相続人は相続財産を自分が持っていた財産とは分けて，自分の財産と同一の注意をもって管理しなければなりません（民法918条1項）。また，放棄をした後においても，放棄した相続財産を保有している間は同様に管理しなければなりません（民法940条1項）。

この管理の範囲を超えて，相続人が熟慮期間内もしくは放棄後に相続財産の全部または一部を譲渡するなど処分・消費をしたときは，相続人はその財産に係る相続を承認したものとみなされます（民法921条1号本文，3号本文）。また，放棄後に相続財産を隠したときも承認したものとみなされます。

裁判例では，少額の形見分け，葬儀費用や仏壇・墓石の購入のための預金解

約行為はここでいう処分・消費にはあたらないとされています（大阪高決平成14年7月3日）。また，生命保険金を受領し相続債務に充てる行為も処分・消費にあたらないとされています（福岡高宮崎支決平成10年12月22日）。他方，処分されるのは忍びないとして遺品のほぼ全てを自宅に持ち帰った行為については隠匿行為にあたるとされました（東京地判平成12年3月21日）。これらの例からすると，処分等に該当すると指摘されないためには，社会的儀礼や財産の維持管理に必要な少額支出といえる範囲に収まっている必要があるといえます。これに対し，社会的儀礼を超えた支出は単純承認と扱われますので注意が必要です。

6 相続放棄と相続税の関係

相続放棄があった場合，はじめから相続人にならなかったものとされるため，父Aの財産を相続することを全面的に拒否できます。

しかし，父Aが契約者（保険料負担者）・被保険者となって加入していた生命保険金の死亡保険金については，受取人となっていた相続人が相続放棄をしたとしても，民法上の相続財産ではないため（Q18参照），この死亡保険金を受け取ることができます。この場合には相続税の課税対象となる財産を取得したものとみなされます。

なお，相続税では，相続人に該当しないと適用がない制度として，以下の規定がありますが，遺産に係る基礎控除額を計算する場合における相続人の数は，民法第5編第2章の規定による相続人（相続放棄があった場合には，その放棄がなかったものとした場合における相続人）の数とされています（相続税法15条2項）。

よって，相続放棄があったとしても法定相続人の数に影響は与えません。

(1) 死亡保険金，死亡退職金の非課税

死亡保険金，死亡退職金はそれぞれ「500万円×法定相続人の数」までは非課税となっています。しかし，この非課税の規定は相続人だけに適用されるも

のであるため，相続放棄した者が死亡保険金や死亡退職金を受け取った場合には，この非課税の適用は受けられず，全額が相続税の対象となります。

(2) 債務控除

相続税の計算上，被相続人の財産から債務を差し引くこととなっていますが，この債務控除が認められるのは相続人及び包括受遺者に限られています。したがって，相続放棄したものが債務を負担しても，相続税の計算上，控除されません。

なお，葬式費用については，相続放棄した者であっても控除が認められます。

(3) 相次相続控除

被相続人が当該相続開始前10年以内に相続によって財産を取得し，相続税を納めていた場合には，被相続人が納めていた相続税は，今回の相続税から控除できる制度があります。これを相次相続控除といいますが，この制度は相続人にしか適用がなく，相続放棄した者には適用されません。

(図 4)

申述書の記載例

相続放棄申述書

受付印	(この欄に収入印紙800円をはる。)
収入印紙　　円	収入印紙 800円　(はった印紙に押印しないでください。)
予納郵便切手　　円	

準口頭		関連事件番号　平成　年(家　)第　号

東京　家庭裁判所 御中 平成 29年 3月 22日	申述人 (未成年者などの場合は法定代理人) の記名押印	C　㊞

添付書類	※具体的な添付書類については，手続の説明書ページの「相続放棄の申述の際に必要な添付書類」をご覧ください。

申述人	本籍	東京 (都)道府県　〇〇市〇〇区〇〇町一丁目１番地
	住所	〒 〇〇〇 − 〇〇〇〇　東京都〇〇市〇〇区〇〇町一丁目1番地 昼間に連絡の取れる(携帯)電話番号 ×××（×××）×××× （　　方）
	フリガナ 氏名	シー C　大正・(昭和)・平成 ××年×月×日 生　職業 会社員
	被相続人との関係	※ 被相続人の………(1) 子　2 孫　3 配偶者　4 直系尊属(父母・祖父母) 5 兄弟姉妹　6 おいめい　7 その他(　　)
法定代理人等	※ 1 親権者 2 後見人 3	住所 〒 −　電話（　　） （　　方） フリガナ 氏名　　フリガナ 氏名
被相続人	本籍	東京 (都)道府県　〇〇市〇〇区〇〇町一丁目１番地
	最後の住所	同上　死亡当時の職業 無職
	フリガナ 氏名	エイ A　平成 29年 2月 23日死亡

(注) 太枠の中だけ記入してください。 ※の部分は，当てはまる番号を〇で囲み，被相続人との関係欄の7，法定代理人等欄の3を選んだ場合には，具体的に記入してください。

申述の趣旨
相続の放棄をする。

申述の実情

※ 相続の開始を知った日…………平成 29 年 2 月 23 日

(1) 被相続人死亡の当日　2 先順位者の相続放棄を知った日

3 死亡の通知をうけた日　4 債権者からの通知があった日

5 その他(　　　)

放棄の理由	相続財産の概略
※ 1 被相続人から生前に贈与を受けている。 2 生活が安定している。 3 遺産が少ない。 4 遺産を分散させたくない。 (5) 債務超過のため。 6 その他 (　　　)	資産：□ あり 農地……約　平方メートル　現金……約　万円 預貯金 山林……約　平方メートル　有価証券……約　万円 宅地……約　平方メートル 建物……約　平方メートル ☑ なし □ 不明 負債：□ あり　(約　万円) □ なし ☑ 不明

(注)1 太枠の中だけ記入してください。

2 ※の部分は，当てはまる番号を〇で囲み，申述の実情欄の5，放棄の理由欄の6を選んだ場合には，(　)内に具体的に記入してください。

3 □には該当するものにレを付けて下さい。

1 相続発生直後の対応

Q16 限定承認を行う場合

関連条文	民法 915 条，同 922 条，同 923 条，同 924 条，同 926 条，同 927 条，同 928 条，同 929 条，同 931 条，同 934 条，同 935 条，同 936 条，同 937 条

事例

　先日亡くなった父Ａは，事業に失敗し，亡くなった際には多額の借金を負っていました。もっとも，同時に父は不動産も多く持っていました。私Ｃは，借金の方が多いのであれば相続したくないのですが，不動産の価値の方が大きいのであれば相続したいと考えています。兄弟ＤＥも同じ意見です。どうすればよいのでしょうか。

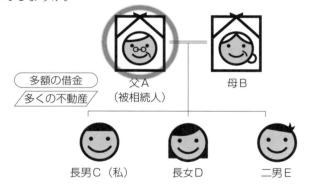

ポイント

① 限定承認することで，私Ｃは，父Ａから相続した不動産の価額以上に借金の返済責任を負わなくて済みます。他方で，その不動産の価値が借金の額よりも大きかった場合には相続することができます。

第3章　相続発生後の対応

② 限定承認は，相続の開始を知ったときから3か月以内に家庭裁判所に財産目録を提出・申述して受理されることで成立します。その後，最短で2か月の清算手続を経て限定承認の手続は完了します。
③ 限定承認に係る相続により財産の移転があった場合，その財産の中に不動産や株式などの譲渡所得の基因となる財産がある場合には，父Aが父Aの相続人に時価で譲渡したものとみなされ，父Aに対し譲渡所得税が課されます。

解説

1 限定承認とは

限定承認とは，相続によって得たプラスの財産（積極財産といいます）を限度に，被相続人（父A）が負っていた借金等の債務や遺贈を履行すると留保して相続を承認することをいいます（民法922条）。

相続では，相続人は被相続人の積極財産だけでなく相続債務等のマイナスの財産を含めた一切の権利義務を承継します（民法896条1項本文）。したがって，本事例で単純に相続すると，父Aの所有不動産より借金が多額であった場合には，私C，長女D，二男Eは相続財産のみならず自らの財産をもって父Aの借金を返済しなければなりません。

これに対し，限定承認をすれば，私C，長女D，二男Eは父Aが生前有していた権利義務を承継するものの，借金等の相続債務については，相続財産中の積極財産の限度においてのみ弁済する義務を負います。つまり，私C，長女D，二男Eが自らの財産をもって私Aの借金を返済することを避けられるということです。

❷ 限定承認の方法・要件

(1) 限定承認の成立

まず，相続人は，熟慮期間内に（民法915条1項，Q15参照），作成した相続財産の目録を家庭裁判所に提出して申述します（民法924条）。家庭裁判所が申述を受理する審判をすると限定承認は成立します。

相続人が複数いる場合，相続に限定を付けない単純承認（限定承認のような債務の承継に関する留保を付けない単純な相続承認のことをいいます）や相続放棄（Q15参照）は各相続人が単独で行えますが，限定承認は相続人全員が共同して行わなければなりません（民法923条）。なお，包括受遺者（遺産の全部または割合で示された一部を遺贈された者のことをいいます）がいる場合には，その者も共同する必要があります（民法990条）。

例えば二男Eが相続放棄した場合，二男Eは最初から相続人ではなかったとみなされますので（Q15参照），私C，長女Dが共同して限定承認すれば足ります。

他方で，熟慮期間内であっても，例えば二男Eが相続財産の売却等の処分をすると，二男Eは単純承認したものとみなされます（民法921条1号）。このように，相続人の中に相続財産を処分した者がいる場合には，相続人全員で共同することができなくなり，もはや限定承認はできません。

ただし，二男Eの財産処分が，家庭裁判所で限定承認を受理した後に判明した場合には，財産処分した二男E以外の私C，長女Dには限定承認の効果が認められ，二男Eのみ単純承認したものとして扱われます（民法937条）。限定承認後に相続財産を隠匿等（民法921条3号）した者がいる場合も同じ扱いとなります。

(2) 清算手続

相続人らが限定承認の意思表示をすると，相続財産中の積極財産から相続債務が支払われる手続が行われます。これを清算手続といいます。

まず，限定承認が成立すると相続人が限定承認者となり，相続財産を管理し

ます（民法926条）。相続人が複数の場合は，家庭裁判所が相続財産管理人を選任します（民法936条1項）。

　限定承認後5日以内（相続財産管理人が選任された場合は選任後10日以内）に，債権者および受遺者に対して限定承認をしたことおよび2か月を下回らない期間を定めその期間内に請求の申し出をすべきことを公告します（民法927条1項）。また，限定承認者が予め存在を把握している債権者および受遺者に対しては個別に催告する必要があります（民法927条3項）。

　この期間満了までは，限定承認者は相続債権者および受遺者に対する弁済を拒むことができます（民法928条）。

（図5）

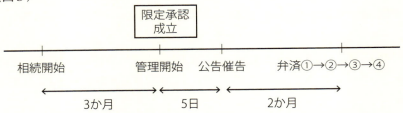

　公告は，家庭裁判所前の掲示板に提示し，かつ，官報に掲載する方法により行われ，その費用は相続財産から支払われます（民法885条1項本文）。

　上記期間が満了すると，①担保権を有する債権者，②期間内に申し出た債権者および予め限定承認者が把握していた債権者，③期間内に申し出た受遺者および予め把握していた受遺者，④期間内に申し出なかった者で，かつ，把握していなかった債権者・受遺者の順に弁済されます（民法929条, 931条, 935条）。

　なお，限定承認者が以上の手続に反して特定の債権者・受遺者に弁済したことにより，他の債権者・受遺者に弁済することができなくなったときは，限定承認者はその損害を賠償する責任を負います（民法934条1項）。

3　限定承認の効果

　清算手続を経た後，まだ積極財産が残っていればその財産は相続人に帰属し

ます。反対に，清算手続を経た後，まだ相続債務が残っていたとしても，相続人がその支払義務を負うことはありません。

　もっとも，清算手続後，残った相続債務が消滅するわけではありません。単に相続人が支払義務を免れるに過ぎないので，清算手続後に新たに相続財産が発見されたような場合には，その発見された相続財産は相続債務の支払いに充当されることになりますので注意が必要です。

4　税務上の取扱い

(1)　所得税

　限定承認に係る相続により財産の移転があった場合，その財産の中に不動産や株式などの譲渡所得の基因となる財産がある場合には，父Aが父Aの相続人に時価で譲渡したものとみなされ，父Aに対し譲渡所得税が課されます（所得税法59条）。この場合の所得税の申告書（準確定申告書）は，相続開始のあったことを知った日の翌日から4か月以内に父Aの納税地を所轄する税務署長に提出することになります（所得税法125条）。

(2)　相続税

　父Aの準確定申告に係る所得税については，父Aの相続税の課税価格の計算上債務控除の対象となります（相続税法13条1項）。そのため，積極財産の価額から消極財産の価額，父Aの準確定申告に係る所得税を控除した残額が相続税の基礎控除額を超える場合には，相続税の負担が生じることとなります。なお，限定承認の対象となった不動産は，相続財産として課税対象となりますが，この場合の価額は相続税評価額となります。

5　限定承認があまり利用されていない理由

　本項で述べたとおり，限定承認は被相続人の財産について積極財産の方が多いのか相続債務の方が多いのか明らかでない場合に，予想外に相続債務を負う

ことになることを避ける有効な手段といえます。

　しかし，限定承認を申述する段階，すなわち原則として被相続人が死亡してから3か月以内に財産目録を作成して家庭裁判所に提出する必要があるだけでなく，他の相続人と共同して申述しなければなりません。また，限定承認の成立後も限定承認者は公告や催告，場合によっては競売等の清算手続を行わなければならず，手続に反した場合には賠償責任を負う可能性まであります。さらに，みなし譲渡として課税されます。

　このような手続の複雑さ，煩雑さ，責任の重さなどの理由により，限定承認は有用な手段でありながらも，あまり利用されていないのが実情です（厚生労働省の人口動態統計によれば，平成27年度に死亡した人は1,290,444人であるところ，平成27年度司法統計年報によれば，相続放棄の申立件数は189,381件，限定承認の申立て件数は759件にとどまっています）。

2　相続財産の範囲

Q17　名義預金の留意点

| 関連条文 | 相続税法21条の5，租税特別措置法70条の2の4，民法903条 |

事例

　私Cの父Aは，知り合いから相続対策には毎年110万円ずつ贈与する生前贈与がいいと聞き，毎年1月に私Cの子F名義で作った預金口座に110万円ずつ振り込んでいました。その父が先日亡くなりました。合計1,000万円近くになりますが，相続税の対象にはならないと考えてよいでしょうか。また，法律上問題はないのでしょうか。

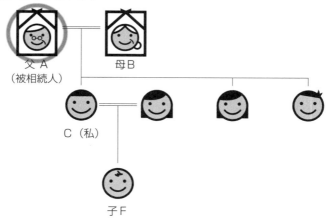

ポイント

① 　私Cの子F名義の預金口座を亡父Aが管理していたなど，いわゆる「名義預金」に該当する場合には，相続税の対象となります。

第3章　相続発生後の対応　　*111*

② Fが亡父Aから贈与を受けていた場合でも基本的には私Cの「特別受益」とは認められないと考えます。

解説

1 暦年贈与の基礎控除を使った相続対策

贈与により財産を取得した者は，贈与税の申告および納税義務があります（相続税法1条の4第1項）。ただし，その年に贈与により取得したものの課税価格が基礎控除額である110万円以下の場合には申告納税が不要となっています（相続税法21条の5，租税特別措置法70条の2の4）。すなわち，その年の1月1日から12月31日までの間に贈与により取得した財産額が110万円以下であれば贈与税はかかりません。これを利用して相続税の対象となる財産を減らすため，子や孫に毎年110万円ずつ暦年贈与するケースが見受けられます。

なお，相続または遺贈により財産を取得した者が相続開始前3年以内に被相続人から受けた贈与については，当該贈与により取得した財産の価額を相続税の計算上加算することになっています（相続税法19条1項）。ただし，本事例の場合は私Cの子Fが亡父Aの相続人でないので，父Aから遺贈等を受けていない限り過去3年分の贈与についても相続税の計算上加算されることはありません（＊）。

(＊)「教育資金の一括贈与に係る贈与税の非課税措置」により直系尊属から贈与を受けた教育資金のうち非課税の適用を受けた金額等，加算しなくてもよい贈与財産もあります（「教育資金の一括贈与に係る贈与税の非課税措置」の概要についてはQ5参照）。

2 名義預金

(1) 名義預金とは

家族など被相続人以外の者が預金名義人とされているにもかかわらず，実質

的には被相続人の預金であり相続税の課税対象となるものは「名義預金」と呼ばれています。親や祖父母が，子や孫のために子や孫名義の預金口座を管理しこれに預金を行うことはよくあることです。

　国税庁のHPで公表されている「相続税の申告のしかた（平成28年分用）」には以下のようなQ＆Aがあります(*1)。

> **Q＆A　家族名義の財産は？**
> 問：　父（被相続人）の財産を整理していたところ，家族名義の預金通帳が見つかりました。この家族名義の預金も相続税の申告に含める必要があるのでしょうか。
>
> 答：　名義にかかわらず，被相続人が取得等のための資金を拠出していたことなどから被相続人の財産と認められるものは相続税の課税対象となります。したがって，被相続人が購入（新築）した不動産でまだ登記をしていないものや，被相続人の預貯金，株式，公社債，貸付信託や証券投資信託の受益証券等で家族名義や無記名のものなども，相続税の申告に含める必要があります。

　被相続人以外の家族名義であるにもかかわらず，ここでいう「被相続人の財産と認められるもの」とはどのようなものをいうのでしょうか。被相続人が資金を拠出したからといって，直ちにその全てが名義預金となるわけではありません。

(2)　預金債権の帰属先

　預金を例にとると，預金と呼んでいるものは法律上，預金者と金融機関との間の消費寄託契約（民法666条）に基づく金融機関に対する預金債権です。ここでいう，「預金者」については，学説上見解が分かれており，①客観説（出捐者（「出捐」とは財産を支出することをいいます）が預金者であるという説），②主観説（預入れ行為をした者が預金者であるという説），③折衷説（客観説に拠るものの，預入れ行為をした者が，自身が預金者であると金融機関に表示した場合には預入れ行為者が預金者であるという説）に大別されます。

(3)　名義預金の判断基準

　前述のように，学説上は預金債権の帰属先につき諸説あります。もっとも，

第3章　相続発生後の対応

税務上は名義預金を含む，名義財産の帰属先について，（ⅰ）当該財産またはその購入原資の出捐者，（ⅱ）当該財産の管理および運用の状況，（ⅲ）当該財産から生ずる利益の帰属者，（ⅳ）被相続人と当該財産の名義人ならびに当該財産の管理および運用をする者との関係，（ⅴ）当該財産の名義人がその名義を有することになった経緯等を総合考慮して認定されています（東京地判平成20年10月17日）。争いとなりやすい事案は（ⅰ）が被相続人である場合ですが，出捐者が被相続人であるからといって直ちに名義預金と判断されるわけではありません。被相続人から名義人が生前贈与を受けた場合などには，当該預金は名義人の固有財産といえるからです。

　本事例の場合のように祖父母が孫名義の口座を開設することは，昨今容易ではないため，法定代理人である私Cや私Cの配偶者が手続を行う必要があると思われます（*2）。そこで，祖父母が孫名義の口座に入金するには，まず親が法定代理人として子名義の口座を開設するものの，当該口座の通帳等を祖父母に渡し，祖父母が当該口座を管理して自身の拠出で預金を行う（ケース1），あるいは，親が法定代理人として子名義の口座を開設し，当該口座の通帳等はそのまま親が管理し，祖父母が当該口座に自身の拠出で振込みを行う方法（ケース2）などが考えられます。

　孫名義の預金が問題となっているケースにおいては，特に前述の考慮要素の（ⅱ）「当該財産の管理および運用の状況」が重要な要素であると考えられます。祖父母世帯と子孫世帯が別生計であるにもかかわらず，祖父母が孫口座を管理運用している場合は，名義預金と判断される可能性が高いと考えられるからです。祖父母が孫口座を管理運用している場合とは，例えば，祖父母が孫口座の通帳や登録印を保有していたり，子や孫が孫名義の口座の存在や内容を把握していなかったりする場合が挙げられます（前述の（ケース1）のような場合）。他方，孫口座を孫自身や法定代理人である親が管理運用しており，かつ，祖父母から入金のあった金銭を孫のために自由に引き出し使っていた場合などは，孫が祖父母から生前贈与を受けており孫固有の財産といえるものと考えます（前述の（ケース2）のような場合）。

以上のように，家族名義の預金口座を用いて生前贈与を行うことは，相続税申告時において判断が難しいケースがあります。全ての生前贈与に共通することですが，贈与が明確となるよう贈与契約書などの書面を残したうえ，贈与した以上は管理運用を受贈者に任せる必要があるといえます。

（＊１）https://www.nta.go.jp/shiraberu/ippanjoho/pamph/sozoku/shikata-sozoku2016/pdf/all.pdf（下線は筆者による）
（＊２）かつては親族名義の口座開設が容易にできたようですが，昨今は犯罪収益移転防止法に基づく金融機関における本人確認等の影響で，親族であっても他人名義の預金口座を開設することが煩雑ないし困難となっています。

3　特別受益該当性

　私Cの子F名義の預金口座（1,000万円）が名義預金と判断されれば，これは亡父Aの相続財産として共同相続人間による遺産分割の対象となります。F名義となっているものの，当該預金を誰が取得するかは共同相続人間で遺産分割協議により決めることになります。実際は，亡父Aの相続人でありFの父親である私Cが取得することになるでしょう。別の者がF名義の預金をもらっても手続が手間だからです。

　他方，名義預金ではなく，亡父AからFへ生前贈与があったと認められる場合には，これはF固有の財産であり当然遺産分割の対象とはなりません。

　ところで，被相続人から相続人への生前贈与は，親の扶養義務の範囲を超える多額のものと認められる場合には，民法903条の特別受益として持戻しの対象となると考えられます（Q5参照）。もっとも，民法903条１項は，特別受益となる贈与を「共同相続人」の受けた贈与と規定していることから，特別受益として持戻しの対象となるのは，共同相続人に対する贈与のみであり，その親族への贈与があったことにより共同相続人が間接的に利益を得たとしても特別受益にはなりません。ただし，当該親族への贈与が実質的に共同相続人への贈与に当たると認められる場合には，当該相続人に対する特別受益と判断される可能性があります（東京高決平成21年４月28日，東京地判平成28年４月18日）。

本事例の場合には，贈与を受けたのは私Cの子であるFであり，亡父Aの共同相続人ではないので，基本的には特別受益に該当しません。もっとも，亡父AによるFへの贈与の趣旨が主として私Cに利益を与えることにあり，贈与金額が多額であるなどの事情がある場合には判断が異なる可能性があります（福島家白河支審昭和55年5月24日参照）。

2　相続財産の範囲

Q18　死亡退職金や生命保険金の取扱い

| 関連条文 | 民法896条，同897条，同898条，相続税法3条，同12条，同13条， |

事例

　父Aが先日亡くなりました。父Aは会社の役員を務めており，会社から死亡退職金が出るようです。また，父Aは，生命保険（保険契約者，被保険者，保険料負担者が父A，保険金受取人が長男Cとする）も加入していましたので，生命保険金（死亡保険金）が私Cに下りるようです。それらを加算すると約1億円を私たちは受け取ることになるのですが，遺産分割の際はこれらはどのように扱えばよいのでしょうか。また，相続税申告は必要なのでしょうか。

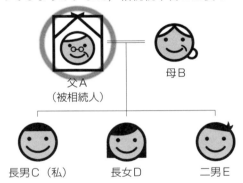

ポイント

① 　多くの判例においては，死亡退職金および生命保険金は民法上の相続財産とならないとされています。

第3章　相続発生後の対応

② この場合，遺産分割においては死亡退職金および生命保険金ともに遺産分割の対象外です。死亡退職金は会社の退職金支給規程により定められた受取人が，生命保険金は保険金受取人に指定された人（本事例の場合には私Ｃ）が受け取ることとなります。

③ もっとも，相続税法においては，これらを相続税の課税対象に含めることとしています。本事例の場合には，相続税申告が必要となる可能性があります。

解説

1 相続財産の範囲

(1) 相続財産とは

相続人は，相続開始の時から，被相続人の財産に属した一切の権利義務を承継します（民法896条本文）。ただし，被相続人の一身に専属したものは承継しません（民法896条但書）。

ここでいう「被相続人の財産に属した一切の権利義務」を相続財産と呼びます。例えば，被相続人の所有していた不動産や預貯金等がこれに当たり，これらの相続財産は相続人が承継することとなります。「被相続人の一身に専属したもの」とは，被相続人限りに属する権利であり，例えば使用貸借権（民法599条），雇用契約上の地位（民法625条），扶養請求権（民法881条），年金受給権（国民年金法29条，厚生年金保険法45条）等がこれに当たります。これらの一身専属権については承継の対象となりません。

(2) 死亡退職金と相続財産

死亡退職金は，死亡により会社等を退職するに伴って会社等から遺族に支給される一時金です。死亡退職金は，遺族の生活保障，賃金の後払い，あるいは本人の会社等に対する功労への報償といった目的から支給されるものであり，支給金額や受給者についても各会社等により様々なものがあり得ます。

判例においては，受給権者の範囲や順位につき民法の規定する相続人の順位決定の原則とは著しく異なった定めにより支給された死亡退職金について，専ら遺族の生活保障を目的としており，遺族は相続人としてではなく規程により直接これを自己固有の権利として取得するため，相続財産に属さないものとされています（最判昭和55年11月27日（特殊法人による死亡退職金について），最判昭和58年10月14日（県条例による死亡退職金について），最判昭和60年1月31日（私立大学において「遺族にこれを支給する」との定めがある場合について），最判昭和62年3月3日（財団法人において被相続人死亡当時退職金規程がない場合について））。

(3) 生命保険金と相続財産

生命保険金は，保険契約者と保険者（保険会社）との生命保険契約に基づき被保険者の死亡に伴って保険金受取人に支払われます。保険においては，保険契約者，被保険者，および保険金受取人の三者が関係します。本事例のように保険契約者（父A）と保険金受取人（長男C）が異なる場合には，保険契約者が保険者との間で保険金受取人に対して給付をするよう約した第三者のためにする契約と解されます（民法537条，保険法42条参照）。

判例においては，死亡保険金請求権は，指定された保険金受取人が自己の固有の権利として取得するものであり，保険契約者または被保険者から承継取得するものではなく，相続財産には属さないものとされています（最判昭和40年2月2日（養老保険契約について），最判昭和48年6月29日（傷害保険契約について））。

2 遺産分割における取扱い

遺産分割とは，相続人が複数おり相続財産がこれらの相続人の共有に属する場合に，誰がどの財産をどのように取得するかを決める手続です（Q2参照）。

本事例の場合の死亡退職金が，遺族の生活保障を目的に民法の規定とは異なる会社の規定で定められた者に支給されることを前提とすると，当該死亡退職

金は相続財産とならず、遺産分割の対象とはならないと考えられます。当該死亡退職金の受給者は、会社の退職金支給規程等に基づき決定された者となります。

また、生命保険金についても、前述のとおり相続財産とならず、遺産分割の対象とはなりません。当該生命保険金は、保険金受取人として指定された私Cのものとなります。

なお、これら死亡退職金や生命保険金を定められた受取人の同意のうえで別の者に取得させたい場合があるかもしれませんが、受取人からの贈与とみなされて贈与税が課されるおそれがありますので注意が必要です（相続税法9条参照）。

3 相続税法上の取扱い

(1) みなし相続財産とは

前述のとおり、多くの判例において死亡退職金や生命保険金は相続財産とならないとされています。しかし、相続税の計算においては、これらを相続（または遺贈）により取得したものとみなして課税対象に含めることとしています（相続税法上の「みなし贈与」。相続税法3条1項1号、2号）。これは、死亡退職金等が実質的に相続（または遺贈）によって取得したものと変わらないため、課税の公平を図るためです。もっとも、死亡退職金や生命保険金が相続人の生活保障を目的とする面があることから、後述のとおり相続人の取得した一定の限度額までについては非課税とされています（相続税法12条1項5号、6号）。

(2) 死亡退職金とみなし相続財産

死亡退職金については、被相続人の死亡により被相続人に支給されるべきであった退職手当等で、被相続人の死亡後3年以内に支給が確定したものについて相続税の課税対象となり（相続税法3条1項2号）、非課税限度額は、「500万円×法定相続人の数」となります（相続税法12条1項6号）。本事例の場合

で法定相続人が母B，私C，長女Dおよび二男Eの合計4名とすると，非課税限度額は2,000万円となります。

(3) 生命保険金とみなし相続財産

　生命保険金については，被相続人の死亡により取得した生命保険金または損害保険金で被相続人が負担した保険料相当部分が相続税の課税対象となります（相続税法3条1項1号）。非課税限度額は，死亡退職金と同じく「500万円×法定相続人の数」となるため（相続税法12条1項5号），本事例の場合には2,000万円です。実務上，この非課税限度額を目安に生命保険契約を締結しているケースも見受けられます。

　また，被相続人の相続開始の時において，まだ保険事故が発生していない生命保険契約で被相続人が保険料の全部または一部を負担し，かつ，被相続人以外の者が当該生命保険契約の契約者であるものがある場合，当該契約に関する権利のうち被相続人が負担した保険料相当部分が相続税の課税対象となります（相続税法3条1項3号）。例えば，保険契約者が母B，被保険者が母B，保険金受取人が長男Cだが保険料負担者が父Aの場合（払込済保険料全額を父Aが負担），当該生命保険契約に関する権利は全てみなし相続財産として相続税の課税対象となります。

　なお，非課税となる保険金は，被相続人の死亡を原因として支払われる死亡保険金のみです。生命保険契約に関する権利や定期金に関する権利（年金保険等）の取得に伴い支給される金銭等については非課税とはなりません。

(4) 本事例の場合

　相続人が合計4名の場合，相続税の基礎控除額は5,400万円（3,000万円＋600万円×4＝5,400万円）となります（相続税法15条）。相続人が受け取った死亡退職金および生命保険金につき，それぞれ前述の非課税限度額を超える部分ならびにその他の財産の合計額が5,400万円を超える場合には，相続税が発生する可能性があります。本事例の場合には死亡退職金および生命保険金を加算すると約1億円とのことですので，非課税限度額および基礎控除額を考慮しても相続税の申告が必要となる可能性があります。

STEP UP　民法と相続税法における相続財産の相違

　前述のとおり，多くの判例において死亡退職金や生命保険金は相続財産とはされていませんが，相続税法においてはみなし相続財産として相続税の課税対象となります。この他にも民法と相続税法においては相続財産の範囲について相違のある場合があります。

　一つに，祭祀に関する権利ですが，民法においては，被相続人が指定した者，指定がなければ慣習により祭祀を主宰すべき者が承継し（民法 897 条 1 項），遺産分割の対象とはなりません（＊）。他方，相続税法においては，これらを非課税財産として取り扱っています（相続税法 12 条 1 項 2 号）。これは，国民感情を考慮するとともに民法における祭祀の取扱いに合わせたものと考えられています。

　次に，葬式費用ですが，葬儀は相続開始後，相続人（原則として喪主）が主体となって執り行うものであるため，被相続人の債務とは言えず，被相続人から承継する債務ではないと考えられます（＊）。他方，相続税法においては，葬式費用を被相続人の債務同様，遺産総額から控除することができます（相続税法 13 条 1 項 2 号）。これは，葬儀が必然的な行事であることから国民感情を考慮したものとされています。

　また，近時，米国ハワイ州のジョイントアカウント口座の預金について，相続財産を構成しないという判決が出ました（東京地判平成 26 年 7 月 8 日，東京高判平成 26 年 11 月 20 日）。課税上の取扱いは明確ではないものの，死因贈与（遺贈）とみなされるなど相続税の課税対象とされる可能性があります。

　なお，税務実務においては，死亡退職金や生命保険金等を「みなし相続財産」と呼んでいますが，民法において「みなし相続財産」とは各相続人の具体的相続分を計算するに当たり，特別受益や寄与分を考慮した財産のことを指している場合がありますので注意が必要です。

　（＊）実務上は，祭祀の承継者や葬式費用の負担者を明確にしておくために共同相続人全員の同意のもと遺産分割協議で定めることが多いです。

2 相続財産の範囲

Q19 保証債務の相続

| 関連条文 | 民法446条以下，同465条の2，同899条，同990条，同921条，身元保証ニ関スル法律1条，同2条 |

事例

父Aは叔父Gの保証人となったまま，先日亡くなりました。相続人である私Cも保証債務を引き継ぐのでしょうか。

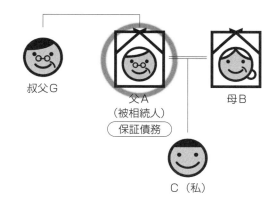

ポイント

① 原則として相続人は被相続人の保証債務を引き継ぎます。相続人が複数いる場合は，保証債務の負担割合は原則として法定相続分で分割した限度です。
② 相続税の計算上，原則として保証債務は債務控除の対象となりません。

解説

1 保証債務の相続性

(1) 原則

　被相続人が誰かの保証人となっていた場合，原則として相続人は保証人の地位を承継し，保証債務も相続することになります（大判昭和9年1月30日）。単純保証の場合も連帯保証の場合も同様です（以下，単純保証と連帯保証をまとめて単に「保証」といいます）。

　したがって，私Cは，父Aの相続人として，叔父Gの債務を保証することになり，叔父Gが債務を返済できないときには，私Cがその債務を返済しなければなりません。

　相続人が複数いる場合，可分債務はその法定相続分の割合で分割相続するため（最判昭和34年6月19日），保証債務も法定相続分の割合で分割相続することになります。例えば，被相続人が1,000万円の主債務について保証していたときで，相続人が配偶者と子2人であった場合，配偶者は500万円の限度で保証債務を負い，子2人はそれぞれ250万円の限度で保証債務を負うことになります。

(2) 継続的根保証契約

　もっとも，不特定の取引について発生する債務を包括的に保証する特殊な保証契約として継続的根保証契約（信用保証）があり，この場合には例外が認められる場合があります。

　継続的根保証契約であって期限および限度額の定めのないものは，相続発生時に既に生じていた債務に限り保証債務を相続し，相続発生後に生じた債務については保証責任を負いません（最判昭和37年11月9日）。その理由は，期限および限度額の定めのない継続的根保証では，責任範囲が極めて広く，契約当事者の人的信用関係が基礎になるものであるためです。

　一方で，期限または限度額の定めのある継続的根保証契約では，反対の学説

もありますが，一般の保証契約と同様に相続人が保証人の地位を承継すると解されています（参考：東京地判昭和 54 年 3 月 8 日）。

なお，平成 17 年 4 月 1 日以降に締結された貸金等根保証契約で，個人が保証人となっているものは，限度額の定めがない場合または契約が書面でされていない場合は無効となります（民法 465 条の 2）。これらの規定により無効になる場合は，相続が問題になることもありません。

(3) 身元保証契約

また，労働者の行為で使用者が損害を受けた場合に賠償責任を負う特殊な保証契約として身元保証契約があり，この場合にも例外が認められる場合があります。

すなわち身元保証契約では，相続発生時に既に生じていた損害に限り保証債務を相続し，相続発生後に生じた損害については保証責任を負いません（大判昭和 18 年 9 月 10 日，大判昭和 4 年 4 月 13 日）。

ただし，特段の事情がある場合は身元保証人の地位が相続人に承継される場合があり，その例として身元保証人の推定相続人が当該労働者の雇い入れを使用者に懇請していた経緯があり，当該推定相続人が身元保証人を相続した場合が挙げられています（大判昭和 12 年 12 月 20 日）。

なお，身元保証契約の存続期間は，更新しない限り契約締結から 3 年または 5 年以内に制限されます（身元保証ニ関スル法律 1 条および 2 条）。

(4) 賃貸借上の保証契約

賃貸借上の保証は，保証額の上限がない点などで継続的根保証契約や身元保証契約と類似するところがありますが，賃料債務保証契約は過度に広い保証責任を負うことはないため，保証契約の原則どおり保証人の地位が相続人に承継されます（大判昭和 9 年 1 月 30 日）。その結果，相続発生後に生じた賃料債務等の債務についても保証債務を負うことになります。

2 保証債務と相続時の対応

(1) 遺産分割や遺言で相続債務の負担者を指定した場合

　相続財産に含まれる債務は遺産分割の対象ではないため、可分債務は相続開始と同時に当然に法定相続分で分割承継することになります（東京高決昭和37年4月13日）。そして保証債務も原則として通常の債務の相続と同様に扱われますので、各相続人は法定相続分で分割した金額の限度で保証債務を負担することになります。

　また、遺言や遺産分割協議で債務を負担させる者を指定しても、指定した債務負担割合を相続債権者に対抗することはできません（最判平成21年3月24日）。そのため、相続債権者からの請求に対して、遺言や遺産分割協議で法定相続分より少ない債務しか負わないことになったと主張することはできません。また、法定相続人以外の第三者が包括遺贈を受けた場合も、包括遺贈による相続割合で債務を承継するため（民法990条、899条）、相続債権者は包括遺贈を受けた者に対して包括遺贈による相続割合で請求することが可能になります。

　もっとも、遺産分割実務においては、財産の帰属と同様に債務負担についても協議がされることも多く、この遺産分割協議も相続人間で内部的には有効です。ここで「内部的には」というのは、遺言や遺産分割協議で法定相続分以上の債務を負うことになった相続人に対し、相続債権者の側から当該超過分を含めて請求することは可能であるためです（前掲最判平成21年3月24日）。すなわち、相続人または包括受遺者は、「法定相続分」と「遺言で指定された債務負担割合」のいずれか大きい方を上限として、相続債権者からの請求に応じなければならず、それを支払ったうえで、ほかの相続人に対して求償することになります。

(2) 保証債務の場合

　上記(1)で示した債務一般と同様に、相続財産に保証債務が含まれる場合に、外部の第三者との関係では、遺産分割協議や遺言によって一部の相続人に保証債務を負担させないようにすることはできません。あえて遺産分割協議書や遺

言に保証債務について記載する場合には、法定相続分で保証債務を各相続人に負担させる内容とするか、特に保証債務を負担させると記載した相続人には弁済に充てるために預貯金等の流動性の高い資産を併せて相続させることが望ましいでしょう。

(3) 相続放棄

相続財産が全体として負債の方が大きいという場合一般と同様に、相続財産に保証債務が含まれるという場合も、相続放棄により対応することが可能です（Q15参照）。

相続財産を一部でも処分していると単純承認とみなされて相続放棄が不可能となる（民法921条1号）ことから、被相続人が保証債務を負っていた可能性があるという場合は、財産処分は保留するなど慎重な対応が必要となります。

また、3か月の熟慮期間が経過したあとでも、相続財産の処分をしておらず、かつ保証債務が相続財産に含まれることを知らなかったという場合は、知ってから3か月以内であれば相続放棄が認められる可能性もあります（参考：最判昭和59年4月27日、福岡高判平成27年2月16日）。

(4) 限定承認

相続財産が全体として負債の方が大きい可能性があるという場合一般と同様に、相続財産に保証債務が含まれるという場合も、限定承認により対応することが可能です（Q16参照）。

相続財産を一部でも処分していると単純承認とみなされるほか、熟慮期間経過後でも限定承認が認められる場合があることは相続放棄の場合と同様です。さらに限定承認は、全相続人が揃って行わなければならない関係上、財産処分等がない場合で、相続人の中に相続発生を知るのが遅れたために熟慮期間が過ぎていない者がいる場合には、既に熟慮期間が過ぎた者も合わせて全員で限定承認をすることができます（東京地判昭和30年5月6日）。

(5) 本事例の場合

前述したとおり、私Cは父Aの保証債務を相続することになります。そのため、相続財産に債務が含まれる場合一般と同様に、本事例でも、相続税に精通

する税理士に相談するなどして相続財産に含まれる積極財産と消極財産を確定する必要があります。このとき，主債務者である叔父Gが債務を弁済する資力があるかどうかが重要となり，確実に弁済できる資力があると信用できるなら相続において特段考慮しなくとも差し支えありませんが，資力に不安があるなら保証債務を消極財産とみたうえで財産を確定する必要があります。そのほか債務超過で業績好転の見込みがない会社に対する貸付債権など，実質的に無価値である財産が含まれる場合は，それを差し引いて計算する必要があります。

積極財産の総額が消極財産の総額を上回っていることが明らかであれば，単純承認を選択して差し支えないでしょう。ただし，積極財産に預貯金等の流動資産が少なく，不動産が大部分を占める場合には，相続税の納税資金のほか，相続債務の弁済資金も調達計画を検討することが望ましいでしょう。

積極財産の総額が消極財産の総額を下回っていることが明らかであれば，相続放棄を選択することになると思われます。また，積極財産の総額が消極財産の総額を上回っているとしても少額であるという場合も，相続手続の手間を避けるため相続放棄を選択することが考えられます。

積極財産の総額と消極財産の総額のどちらが上回っているか不明である場合は，限定承認を選択することが考えられます。この場合，私Cを含めた相続人の全員について，相続財産を処分するなどの法定単純承認事由（民法921条）に該当しないよう注意が必要です。

3 税務上の取扱い

相続税の計算上，被相続人の借入金などの債務は遺産総額から差し引くことができますが，被相続人が亡くなったときにあった債務で確実と認められるものに限られます。

よって，保証債務は原則として債務控除の対象となりません。保証債務は，保証債務を履行した場合は求償権の行使によって補てんされるという性質を有するため，確実な債務と認められないからです。ただし，主たる債務者が弁済

不能の状態にあるため，保証債務者がその債務を履行しなければならない場合で，かつ，主たる債務者に求償して返還を受ける見込みがない場合には，主たる債務者が弁済不能部分の金額は，その保証債務者の債務として債務控除の対象となります（相続税法基本通達14-3）。

3 遺産分割協議

Q20 相続財産の評価方法

| 関連条文 | 民法907条，同908条 |

事例

父Aが先日亡くなり，現在，遺産分割協議中です。相続財産は自宅不動産と預貯金5,000万円です。自宅不動産について，税理士から相続税評価額は4,000万円であると聞かされましたが，私Cが不動産会社に査定を依頼したところ5,000万円の評価でした。さらに私Cの妹である長女Dが不動産鑑定士に鑑定を依頼したところ4,800万円でした。結局，遺産分割協議において，自宅不動産はいくらと評価すればよいのでしょうか。

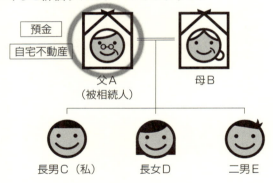

ポイント

① 相続人間（CDE）で合意があれば，いずれの評価方法によっても問題ありません。
② 合意が得られない場合は，相続人の間で不公平が生じない評価方法による

べきであり、専門家である不動産鑑定士による鑑定が最も客観性の高い評価方法であると考えられますので、自宅不動産の評価額は 4,800 万円として遺産分割協議をすべきということになります。

解説

❶ 遺産分割における財産の評価方法

(1) 遺産分割における財産の評価方法

遺産分割には、被相続人の遺言に基づく遺産分割方法の指定（民法 908 条）、相続人全員の合意に基づく遺産分割協議（民法 907 条 1 項）、家庭裁判所の審判に基づく分割審判（民法 907 条 2 項）の三つの方法があります。

いずれの方法をとるにせよ、相続財産が金銭以外の物である場合には、分割の前提として、対象財産の評価額はいくらか、いかなる評価方法により対象財産の評価額を確定すべきかが問題となります。

なお、遺言に基づく遺産分割方法の指定以外の方法による遺産分割の場合には、相続の発生から分割が実行されるまでの間に一定の期間があります。この一定期間が経過する間にも、相続財産である不動産等の価格は変動することがあります。この場合、判例では、遺産分割時の価額により分割するものとしています（大阪高判昭和 58 年 6 月 2 日）。

(2) 市場価格に基づく評価

対象財産に市場が存在し、客観的な取引相場が存在する場合には、その取引価額を前提として協議・審判することが相続人間にとって最も公平な方法であるといえます。したがって、市場が存在し、客観的な取引相場がある場合には、その取引価額（実勢価格）により評価します。

(3) 合意に基づく評価

また、相続人間で評価方法を合意している場合には、その方法によって評価した金額を前提に協議・審判したところで相続人間に不公平は生じません。し

たがって，相続人間の合意がある場合にはその方法によって評価します。

(4) 鑑定に基づく評価

対象財産に市場がなかったり，評価方法について相続人間で合意が得られなかったりする場合には，不動産鑑定士などの専門家による鑑定により評価することが相続人間の公平に適うといえます。

もっとも，専門家による鑑定であっても評価額に多少のばらつきが生じることはあり得ます。

2 不動産の評価方法

(1) 土地

ア 不動産鑑定

専門家である不動産鑑定士の鑑定による評価方法です。最も客観性が高く，相続人間に不公平が生じない方法であるといえます。

不動産鑑定士による鑑定の場合，(ⅰ) 原価法，(ⅱ) 収益還元法，(ⅲ) 取引事例比較法が用いられます。

(ⅰ) は，現時点で同等の土地を購入したとすればいくらかかるかを算定し（再調達原価），そこから価値低下要因を考慮して減価等を行う評価方法です。

(ⅱ) は，対象土地を貸し付けたとした場合に得られる地代等を計算し，それを現在価値に割り引いて算出する評価方法です。

(ⅲ) は，対象土地そのものではなく，近隣のほかの土地を参考に対象土地の取引価格を算出する方法です。

イ 不動産業者による査定

不動産鑑定以外の方法として，不動産業者による査定額を採用することもあり得ます。不動産業者は鑑定士と違い特別な資格を有しているわけではありませんが，日常的に不動産取引に携わっているため，取引価額について知見があると考えられ，合理的な評価方法の一つといえます。もっとも，不動

産業者の査定額は実際に不動産業者が媒介して対象不動産を売却した場合を想定した金額ですので，他の方法による算定価額よりも高額になる傾向にあります。

実務では，無料で査定書を作成する不動産業者も多いため，不動産業者による査定額は遺産分割協議でよく用いられています。

ウ　相続税評価

相続税および贈与税の課税を目的として，国税局が定めた路線価等を基礎に算出された価格のことをいいます。相続税評価額そのものは取引価額とは認められませんが，地価公示価格（国土交通省が毎年1月1日に公表するその地域における土地の標準価格で，概ね時価に近似します）の8割程度の価格に相当するとされているため，この評価額から取引価額の概算を算出することが可能です。

エ　固定資産税評価

固定資産税の課税を目的として，市区町村が3年ごとに定める価格をいいます。固定資産税課税明細書に記載されており，相続人において知ることが容易です。固定資産税評価額そのものは取引価額とは認められませんが，地価公示価格の7割程度の価格に相当するとされているため，この評価額から取引価額の概算を算出することが可能です。

(2)　建物

建物については，相続税の計算をする場合と同様に固定資産税評価額により評価することが多いです。

不動産鑑定士による場合は，現時点で同等の建物を新築したらいくらかを算定し（再調達原価），そこから経過劣化による減価等を行う原価法がよく用いられています。

3 それ以外の財産の評価方法

(1) 株式の評価方法

上場株式は市場取引価格によります。遺産分割時に最も近い日の価格，もしくは，遺産分割時前の一定期間の平均価格等を採用します。

取引相場のない株式（未上場株式）の評価は，相続税評価に用いる類似業種比準方式，純資産価額方式，配当還元方式等によることが多いです。

(2) 動産の評価方法

宝石等の貴金属，書画・絵画刀剣等の骨董品については，当該動産が本物か否かがまず問題となります。真贋を示す鑑定書や保証書があればそれにより本物か否かがある程度推認されます。

そして，本物であれば，宝石等の貴金属については市場取引相場がありますので，その価格に拠ることができます。

他方で，必ずしも市場取引価格が存在しない，もしくは，市場取引価格があったとしても客観的価値を反映しているとは限らない書画・絵画・刀剣等の骨董品については，専門の鑑定士による価値鑑定が必要となります。

4 本事例の場合

本事例では，自宅不動産の評価として，相続税評価額4,000万円，査定価格5,000万円，不動産鑑定額4,800万円と，3通りの評価額が存在しています。

前述したとおり，専門家である不動産鑑定士による鑑定額が最も客観的で相続人間の公平に資する金額であると考えられます。そもそも，相続税評価額は相続税額を算定するためのものであり，時価を算定するものではありませんから，相続税評価額を時価として主張するのは妥当ではありません。また，不動産業者は独自の知見を有しているとはいえ，鑑定士のような特別な資格やノウハウを有しているわけではないため，査定額は鑑定額に比べ客観性・公平性に欠けるものといえます。

よって，自宅不動産の評価額としては，鑑定額4,800万円を採用すべきであるといえるでしょう。

　もっとも，不動産鑑定士による鑑定がない場合に，相続税評価額4,000万円を算定の基礎とする主張には採用の余地があります。

　前述のとおり，相続税評価額は地価公示価格の8割程度に相当します。したがって，8割を割り戻せば地価公示価格を算出できます。確かに，地価公示価格は必ずしも時価（実勢価格）とは一致しません。しかし，概ね地価公示価格は時価に近似する金額であるとされます。そして，相続税申告が必要な場合には土地の相続税評価額は把握していることがほとんどでしょうから，これを遺産分割の場面にも利用できれば相続人の便宜に適います。また，不動産鑑定士による鑑定には1件あたり数十万円の報酬および通常1か月から2か月程度の期間が掛かります。

　そこで，実際には，相続税評価額を基礎に算定した金額を時価とすることで相続人間の合意が図れるケースも多くあります。

3 遺産分割協議

Q21 特別受益が問題となる場合①

| 関連条文 | 民法903条，同904条 |

事例

先日亡くなった父AはCが長男だからといって，生前に土地や建物を多く贈与しました。二男である私Eは不公平と感じており，遺産分割において，残った財産まで長男Cが取得するのはおかしいと考えています。どうにかならないのでしょうか。

なお，長男Cが贈与を受けた財産は相続開始時1億円でしたが，現在は9,000万円に値下がりしています。残った財産は預貯金など1億円でした。

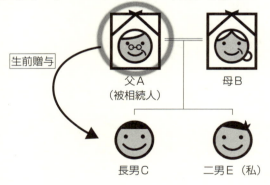

ポイント

① 父Aから長男Cへの生前の不動産の贈与は，長男Cの特別受益になります。特別受益となる場合，贈与された不動産も相続財産とみなし，各相続人の相続分を計算します。そして，当該相続分から贈与された不動産を控除した金

136

額が，長男Ｃの具体的相続分となります。もし，贈与された不動産が当該相続分を越える金額である場合，長男Ｃの具体的相続分は０となります。

解説

1 特別受益とは

(1) 特別受益の趣旨

共同相続人中に，被相続人から，遺贈を受け，または婚姻もしくは養子縁組のためもしくは生計の資本として贈与を受けた者があるときは，被相続人が相続開始の時において有した財産の価額にその贈与の価額を加えたものを相続財産とみなします（民法903条1項）。そして，この相続財産を基に算定した相続分から，遺贈または贈与の価額を控除した残額が遺贈または贈与を受けた者の具体的相続分となります（民法903条1項）。

前述した相続財産とみなされる遺贈または贈与を特別受益と呼び，被相続人が相続開始時において有した財産に遺贈または贈与を加えることを特別受益の持戻しと呼びます。特別受益の持戻しを行う趣旨は，相続人間の公平を図ることにあります。

(2) 持戻しの対象

全ての遺贈は特別受益として持戻しの対象となります。一方，生前贈与は，「婚姻もしくは養子縁組のための贈与」と「生計の資本としての贈与」の場合，特別受益として持戻しの対象となります。

「生計の資本としての贈与」とは，例えば，子が結婚し，別の所帯をもつために住宅を取得するための資金を贈与するケースや事業を行うための資金の贈与などが該当します。一般的にかなり広い意味に解釈されており，相当額の贈与は，特別の事情がないかぎり，「生計の資本としての贈与」として特別受益に該当すると解釈されています。

なお，直系血族および兄弟姉妹は相互に扶養義務を負っています（民法877

条)。そのため,生活費や医療費などの日常的な支出については贈与になりませんので,特別受益に該当しません。

本事例については,父Aから長男Cへの生前の土地の贈与については「生計の資本としての贈与」として特別受益に該当すると考えられます。

2 特別受益の持戻しがある場合の相続分の計算

(1) 相続分の計算

特別受益がある場合,被相続人が相続開始の時において有した財産に特別受益を持ち戻して,相続財産とみなし,各相続人の相続分を計算します。本事例の場合をイメージで表現すると図6のようになります。

(図6)

この相続財産を基礎として相続分を計算します。ここで計算する相続分のことを「一応の相続分」と表現することがあります。長男Cと私Eの場合,他に相続人がいなければ,それぞれ2分の1ずつが相続分となります。特別受益が無い場合の遺産分割協議では,相続分に修正を加える必要がないので,その相続分を一つの基準として,どの財産を誰が取得するのか話し合いが行われることが多いです。一方,特別受益がある場合は,特別受益を得た者は,算定された相続分から特別受益分を差し引き,そこで残った残額が具体的相続分となります(図7)。

(図7)

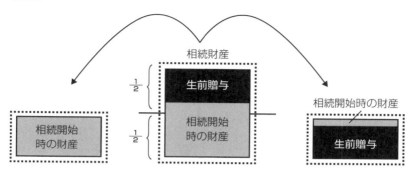

(2) 特別受益が多い場合

　特別受益が一応の相続分よりも少ない場合は，図7のように一応の相続分と特別受益の差額部分について，被相続人の相続開始時に有した財産から受け取ることになります。

　一方，特別受益が一応の相続分よりも多い場合は，その相続において新たに財産を取得することはできないものとされています（民法903条2項）。ただし，一応の相続分を越えた超過部分につき返還する必要はありません。このように考える理由は，当該相続人に多くの財産を与えた被相続人の意思の尊重です。遺産分割においてはこのように超過部分について返還を求められることはありませんが，特別受益にあたる遺贈または贈与が遺留分を侵害している場合は，遺留分減殺請求の対象となる可能性がありますので，注意が必要です（民法1031条）（Q31からQ33参照）。

3　特別受益の評価

(1) 特別受益の評価

　特別受益の評価時は，相続開始時を基準として評価するとの見解が一般的であり，審判例も存在します（大阪高判昭和58年6月2日）。そのため，生前贈与された財産についても，相続開始時の評価額で算定することになります。

なお，特別受益の評価は相続開始時を基準として評価しますが，相続財産の評価は遺産分割時が基準となります。そのため，特別受益がある事案においては，相続財産を相続開始時点と遺産分割時点の二時点で評価することになります。そして，相続開始時の評価を基礎に具体的相続分を算出した後に，遺産分割時点の相続財産の評価に応じて遺産分割を行うことになるので，注意が必要です。

(2) 本事例の場合

　本事例でも，長男Cが贈与を受けた不動産は相続開始時を基準として評価することになります。具体的には，長男Cが贈与を受けた不動産の金額は相続開始時に1億円でしたので，1億円を相続財産に持ち戻して，2億円の相続財産があることになります。法定相続分は2分の1ですから，一応の相続分はそれぞれ1億円となります。現時点（＝遺産分割時点）では，贈与を受けた不動産の評価額が下がっていますが，長男Cは相続開始時の評価額との差額である1,000万円を私Eに請求することはできません。

　もし，長男Cが贈与を受けた後，不動産を売却していた場合や建物を解体していた場合はどのように評価するべきでしょうか。結論は，民法に明文の規定が存在し，長男Cの行為によって，贈与を受けた財産が滅失しまたはその価格の増減があったときであっても，相続開始の時においてなお原状のままであるものとみなして，特別受益の価格を算定することになります（民法904条）。

　例えば，長男Cが父Aから贈与を受けた不動産を売却していたとしても，特別受益を算定する中では，長男Cが不動産を売却して得た金銭を特別受益の算定の基礎とするのではなく，当該不動産の相続開始時の価格を特別受益として算定することになります。

4　持戻し免除の意思表示

　ここまでの記載は，特別受益がある場合，相続財産に持ち戻して処理を行う必要があることを前提としてきました。しかし，特別受益があっても相続財産

に持ち戻す必要がない場合もあります。それは，被相続人が持戻しを免除する意思表示をしたときです（民法903条3項）。ただし，持戻しの意思表示があるからといって遺留分を超えて持戻しの免除が認められるものではないため，遺留分の主張に対する反論にはなりません。

　持戻し免除の意思表示は，特別の方式を必要としません。そのため，生前に持戻し免除の意思表示を行うことも可能ですし，遺言で持戻し免除の意思を表示することができます。口頭の意思表示でも足りますが，後に紛争化しないためにも文書で残しておくべきです。

　特別の方式が必要とされないため，黙示の意思表示による持戻し免除の意思表示があったと主張される場合があります。例えば，共同相続人の1人に贈与がなされているにもかかわらず，この贈与に言及することなく，遺言で相続分の指定を行っているときなどは黙示の意思表示による持戻し免除があったと認められる場合があります。

5　相続税の取扱い

(1)　相続開始前3年以内の贈与財産

　相続または遺贈により財産を取得した人が，その相続開始前3年以内に，被相続人から贈与により財産を取得したことがある場合には，相続税の計算上，その贈与財産を相続財産に加算します。

　また，贈与された財産を相続財産に加算する際の評価額は，相続時ではなく贈与時の評価額になります。

　なお，贈与時に贈与税が課されていた場合には，その贈与税額は相続税額から控除されます（控除しきれない部分については，還付を受けることはできません）。

(2)　相続時精算課税制度による贈与財産

　受贈者が被相続人からの贈与について相続時精算課税制度を選択していた場合には，その贈与財産については，全て相続財産に加算して相続税を計算しま

す。その際すでに支払っていた贈与税があれば差し引くことができます（差し引けない部分については，還付を受けることができます）。

(3) 本事例の場合

　父Aから長男Cへの生前の不動産の贈与について，相続時精算課税制度を適用していた場合には，父Aの相続税の計算上，贈与時の不動産の価額を相続税の計算に加算することになります。その際に支払った贈与税があれば差し引くことができます。

　相続時精算課税制度の適用をしないで贈与した場合には，その相続開始前3年以内の贈与であれば，父Aの相続税の計算上，その贈与財産の贈与時の価額を相続財産に加算します。なお，贈与時に贈与税が課税されていた場合には，その贈与税額は相続税額から控除されます。

> **STEP UP**　【相続法改正の動向】配偶者保護のための方策
>
> 　相続法改正の議論においては，配偶者保護のための方策の一つとして，持戻し免除の意思表示の推定規定が提案されています。すなわち，婚姻期間が20年以上の夫婦の一方である被相続人が，配偶者に対し，自宅の土地または建物を遺贈または贈与したときには，持戻し免除の意思表示があったものと推定するという内容です。これにより，20年以上連れ添った夫婦の一方について，遺産分割協議において持戻し免除が認められやすくなります。

3 遺産分割協議

Q22 特別受益が問題となる場合②

| 関連条文 | 民法903条 |

事例

　父Aは数年前に死亡しており，先日母Bが亡くなりました。長女Dは母Bの面倒を10年間見てきました。母Bは通帳や印鑑も長女Dに預けていたようです。長女Dから，母Bが亡くなった時に残っていた預金が3,000万円ということを聞きましたが，自分が母Bから聞いていた預金の額よりだいぶ少ないようです。長女Dが流用していたのではないかと思いますが，長男である私Cはどうすればよいのでしょうか。

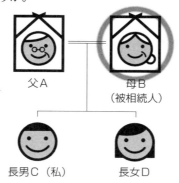

父A　　　母B
　　　　（被相続人）

長男C（私）　長女D

ポイント

① まずは，問題になっている母Bの預金口座の取引履歴を確認する必要があります。不明出金の時期や金額を確認した上で，通帳や印鑑を保管していた長女Dに出金の理由を確認します。

第3章　相続発生後の対応　　*143*

② 長女Dが問合せに応じて，出金の理由がわかった場合は，その内容にしたがって処理することになります。
③ 長女Dが問合せに応じない場合，使途不明金としての処理を検討する必要があります。

解説

❶ 預貯金の払戻しが問題となるケース

(1) 預貯金の入出金の確認

　紛争化した遺産分割において，被相続人名義の預貯金の払戻しが問題となるケースは多く見られます。本事例のように，想定していたよりも被相続人の預貯金の残高が少ない場合，預貯金を管理していた者が無断で払戻しを受けた可能性があると疑いが生じることになります。

　こういったケースでは，まず，預貯金の入出金について確認する必要があります。預金通帳がある場合は，通帳を記帳して確認することになります。ただ，通帳を管理している者が他の相続人に通帳を見せない場合もあります。この場合には金融機関に対し，預金の取引履歴の開示を求めることになります。相続人であれば，必要書類を準備すれば，相続開始前一定期間の取引履歴の開示を受けることができます。

(2) 出金の用途確認

　入手した通帳や取引履歴から，出金を確認していきます。本事例では，その出金について，振込先や通帳に記載された被相続人母Bのメモなどから，使途を特定していきます。出金の使途がわからないものについては，その払戻しを行った長女Dや，通帳，銀行印およびキャッシュカードを被相続人に代わって保管していた者に使途を確認する必要があります。

　払戻しを行った長女Dが，その使途が被相続人母Bのために用いたものであることを領収書などの資料をもとに納得のいく説明ができた場合はそれを前提

として遺産分割を進めていけば差し支えありません。また、被相続人母Bからの贈与であったことを長女Dが認めた場合は、当該贈与が特別受益に該当するかを検討し、相続財産への持戻しなどの処理を行った上で遺産分割を進めていくことになります。長女Dが贈与を受けたことを認めない場合、贈与があったと疑う私Cがその事実を証明しなければなりません。

一方、長女Dによる納得のいく説明がなかった場合は、私Cは使途不明金として長女Dに対して、請求を行うことになります。

(3) 使途不明金への対応

使途不明金について長女Dに対する請求は、まず、その出金が被相続人母Bの許可があって行われたものか否かを判断する必要があります。被相続人母Bの許可があるときは、長女Dに対する贈与として特別受益として認定することになります。

一方、被相続人母Bの許可がない場合は、払戻しの時期が被相続人母Bの死亡前または死亡後かにより、法律構成が異なります。被相続人母Bの死亡前に払戻しが行われている場合は、被相続人母Bの払戻しを行った長女Dに対する被相続人母Bの不当利得返還請求権または不法行為に基づく損害賠償請求権を各相続人が相続したものとして構成することになります。これら二つの請求権は可分債権であり、法定相続分で当然に分割されて各相続人が取得することになります。

一方、被相続人母Bの死亡後に払戻しがされた場合、各相続人から払戻しを行った長女Dに対する不当利得返還請求権または不法行為に基づく損害賠償請求権として構成します。

2 遺産分割調停における使途不明金の取扱い

(1) 使途不明金を協議対象とする場合

遺産分割調停においても、使途不明金の取扱いが問題となることがあります。使途不明金は前述したとおり、あくまで不当利得や不法行為の問題ですか

ら，当然に遺産分割調停における協議の対象とできるものではありません。しかし，以下のいずれかに該当するものとして，相続人の間で合意ができる場合については，遺産分割調停の中で協議の対象とすることができます。

（ⅰ）ある当事者が預金を既に取得したものとして相続分・具体的相続分を計算する場合
（ⅱ）ある当事者が一定額の現金を手許で保管しているとしてこれを分割対象財産とする場合
（ⅲ）払い戻した預金が被相続人からの贈与と認められるとして，当該当事者に同額の特別受益があるとの前提で具体的相続分を計算する場合

(2) 使途不明金を扱う場合の進行

　使途不明金は，本来であれば分割の対象となる財産が払い戻され，相続財産から財産が離れてしまった状態といえます。そのため，分割できる財産が手許にないことになり，遺産分割協議を進める上で，進行を止めてしまう原因となることもあります。そこで，遺産分割調停では，使途不明金について取り扱う期日の目途を決めておき，それまでに合意を形成することができなかったときは，遺産分割調停の手続でなく，別途民事訴訟などにより解決することを促す運用が行われています。

3 遺産分割協議

Q23 寄与分が問題となる場合①

| 関連条文 | 民法 904 条の 2 |

事例

　夫Aが先日亡くなりました。相続人は夫Aの妻である私Bと，夫Aの前妻との間の子である長男Cおよび長女Dの合計3名です。夫Aは10年前に認知症を発症しました。5年前から症状が進行し昼夜徘徊を繰り返すようになり，その度に私Bが探しにいったり，保護して連絡をくれた方のところに行ったりしておりこの時期に要介護4となりました。週に数回介護ヘルパーの方が来てくれましたが，基本的には私Bが一人で夫Aを介護してきました。CおよびDは遠方に居住しておりますし，夫Aとも疎遠になっていましたから，CDが夫Aのお見舞いに来たことは一度もありません。夫Aは遺言を残さずに亡くなってしまいましたが，私Bは夫Aが残した遺産のうち法定相続分しか取得できないのでしょうか。私は少なくともここ5年間で相当程度は貢献したと思います。なお，夫Aの相続開始時の遺産は1億円ほどです。

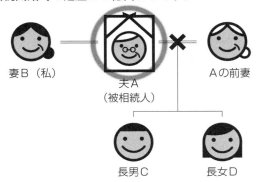

第3章　相続発生後の対応　147

ポイント

① 私Bの行為は寄与分として私Bの具体的相続分を算定する際に考慮される可能性があります。
② 寄与分が認められた場合の相続税の計算は，寄与分を考慮して実際に取得した財産に基づき税額を計算することになります。

解説

1 寄与分とは

寄与分とは，共同相続人中に，被相続人の財産の維持または増加について特別の寄与をした者がある場合に，ほかの相続人との間の実質的な公平を図るため，その寄与相続人に対して法定相続分以上の財産を取得させる制度をいいます（民法904条の2）。

2 寄与行為の類型

寄与分に関しては，一般に（1）家業従事型，（2）財産給付型，（3）療養看護型，（4）扶養型，（5）財産管理型に大別されます。

（1） 家業従事型

被相続人が営んでいた事業に相続人が労務の提供をした類型です。寄与分として認められるためには，（ⅰ）無償または正当な対価を得ていないこと（無償性），（ⅱ）その行為が一定期間継続していること（継続性），（ⅲ）家業に専従的に従事していること（専従性），（ⅳ）被相続人と当該相続人との身分関係に照らし通常期待される程度を超えた行為であること（特別性），（ⅴ）寄与により被相続人の財産の維持または増加があったこと（因果関係）などの事情を考慮して，判断されます。このうち（ⅰ）無償性，（ⅳ）特別性は問題になる

ケースが多いです。

(2) 財産給付型

被相続人の事業に対し相続人が財産上の給付をした類型です。寄与分として認められるには，（ⅰ）無償で行ったこと（無償性），（ⅱ）相続開始時に効果が残存していること，（ⅲ）出資全額を寄与分とすることが相当か（特別性）などの事情を考慮して，判断されます。

(3) 療養看護型

被相続人の療養看護を行うという類型です。相続人が自ら療養看護をする態様と第三者に療養看護を依頼してその費用を負担する態様があります。寄与分として認められるには，（ⅰ）療養看護の必要が高いこと（必要性），（ⅱ）継続的に療養看護をしたこと（継続性），（ⅲ）専従的に療養看護をしたこと（専従性），（ⅳ）相続人と当該相続人との身分関係に照らし通常期待される程度を超えた療養看護であること（特別性）などの事情を考慮して，判断されます。

(4) 扶養型

被相続人が扶養を要する状態であったときに，当該相続人が自ら扶養したまたは扶養料を負担したという類型です。（ⅰ）相続人が利益を受けていないこと（無償性），（ⅱ）相続人と当該相続人との身分関係に照らし通常期待される程度を超えた扶養であること（特別性）などの事情を考慮して，判断されます。

(5) 財産管理型

被相続人の財産を管理し，被相続人が管理費用の負担を免れることで，被相続人の財産を維持したという類型です。一般的には不動産の賃貸管理，売買契約の締結，建物の修繕費，不動産の公租公課の負担などで認められるケースが多いです。

3 寄与分の評価基準時

寄与分は，特別受益と同様に，相続開始時の相続分の修正要素となるものであるため，寄与分の計算は相続開始時の評価額を基準に行います。

4 寄与分の算定方法

それぞれの類型に応じた，具体的なケースにおける，寄与分の計算方法は以下のようになります。

(1) 家業従事型（(例) 相続人が家業に無償で従事していた場合）
　　寄与分額＝寄与した相続人が通常受けることができる年間給与額×（1－生活費控除割合）×寄与年数×裁量的割合
(2) 財産給付型（(例) 相続人が被相続人の不動産取得のために金銭贈与した場合）
　　寄与分額＝相続開始時の不動産価額×（相続人の給付金額÷取得当時の不動産価額）
(3) 療養看護型（(例) 相続人が被相続人の療養看護をしていた場合）
　　寄与分額＝職業的付添人（看護師・ヘルパー等）の日当額×療養看護日数×裁量的割合

なお，裁量的割合は，被相続人との身分関係，被相続人の状態，専従性の程度，療養看護に従事するに至った理由等を考慮します。

(4) 扶養型（(例) 相続人が被相続人を引き取って扶養した場合）
　　寄与分額＝現実に負担した額×（1－相続人の法定相続分割合）
(5) 財産管理型（(例) 相続人自ら被相続人の不動産の維持管理をした場合）
　　寄与分額＝第三者に管理を委任した場合の報酬額×裁量的割合

5 具体的相続分の算定方法

寄与分額が認められると，寄与相続人の具体的相続分の算定方法は，以下のようになります。

　相続開始時の遺産総額（a）－寄与分額（b）＝みなし相続財産（c）
　みなし相続財産（c）×法定相続分＋寄与分額（b）＝寄与相続人の具体的相続分

すなわち，寄与相続人はみなし相続財産（c）に法定相続分を乗じた分のほかに，自らの寄与分額（b）についても加算した形で具体的相続分が算定されます。その他の相続人はみなし相続財産（c）に各自の法定相続分を乗じた分のみが具体的相続分となります（図8）。

（図8）

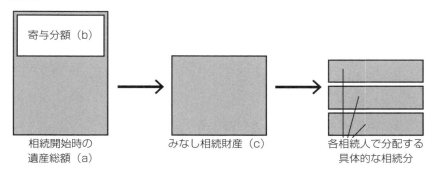

6　本事例の場合

(1)　寄与分額

　本事例では私Bの行為は療養看護型に該当することになります。夫Aは認知症で5年前から昼夜徘徊し，要介護4の状態になっているとのことなので，夫Aを療養看護する必要性は高いといえるでしょう（ⅰ）。また，5年間介護していることからすれば，継続的に療養看護していたともいえます（ⅱ）。一般的にも，要介護度2以上で，1年以上継続していれば，（ⅰ）（ⅱ）はみたすとされています。公的介護サービスも利用していたことからすれば若干専従性の程度は下がるかもしれませんが，ほかの親族からの支援もなく一人で介護を行っており，昼夜目が離せない状態であったことがうかがえることからすればある程度は専従的に療養介護していたともいえるでしょう（ⅲ）。

　他方，私Bは夫Aの配偶者であり，扶養義務を負っていることからすると，夫Aの扶養を行うのは当然ともいえますので，特別性は認められないかもしれ

ません（iv）。しかしながら，昼夜目が離せない状態が5年間継続していることからすれば，配偶者であることをもって一切の寄与分が認められないとするのは酷であるといえます。これらの事情からすれば私Bの寄与分は一定程度認められると思われます。寄与分の算定において，日当の計算は厚生労働省が定める介護報酬額を参考とすることが多いです。裁量的割合の判断は個別事情により異なりますが，仮に本件において裁量的割合を0.7とすると，

　寄与分額＝日当6,500円×療養日数5年（365日×5年）×0.7
　　　　　＝約830万円

が寄与分ということになります。

(2) 具体的相続分の算定

本事例で私Bの具体的相続分を（1）のとおり計算すると，

相続開始時の遺産総額1億円－830万円＝9,170万円（みなし相続財産）

私Bの具体的相続分は9,170万円×1/2（私Bの法定相続分）＋830万円（寄与分額）＝5,415万円となります。

(3) 寄与分があった場合の相続税の計算

本事例で寄与分が認められた場合には，私Bの相続税の計算は，寄与分が認められて実際に取得した財産5,415万円に基づいて税額を計算することになります。

STEP UP　【相続法改正の動向】配偶者の居住権を保護するための方策

相続法改正の議論においては，生存配偶者が従前の居住関係を継続できるようにするために，新たに配偶者短期居住権と配偶者居住権という法定の権利の新設が提案されています。現行法では被相続人名義の不動産に配偶者が居住していた場合，相続財産の額等によっては，必ずしも配偶者がその不動産に住み続けられない場合が出てきますが，そのような事態にならないよう配偶者の権利を保護する内容です。

本事例でいうと，配偶者短期居住権は，私Bと被相続人である夫Aが夫A所有の自宅で同居していた場合，遺産分割協議が成立した日または相続開始日か

ら6か月を経過する日のいずれか遅い日までの間，私Bが相続財産である夫A の自宅を無償で使用することができる権利です。一方，配偶者居住権は，私B が夫Aの自宅の全部について，私Bが死亡するまで，無償で使用収益する権利 で，遺産分割協議や遺産分割審判，遺言，死因贈与により設定されます。

3 遺産分割協議

Q24 寄与分が問題となる場合②

| 関連条文 | 民法904条の2 |

事例

　先日亡くなった父Aの面倒を長男である私Cと私の妻Fが10年見てきました。父Aは一人暮らしをしていたところ病気が原因で10年前から寝たきりの状態となってしまったのですが、長女D、二男Eは正月くらいしか顔を見せず、全く面倒を見る気がなかったため、私Cの自宅において父Aと一緒に暮らしながら、当時専業主婦であった私の妻Fが主に介護を行うことになりました。自宅介護をして間もなく食事の際に箸を持つことや、自力で寝返りをうつことも困難となり、要介護5の状態となってしまいました。自宅での介護に限界を感じ、父Aは5年前から24時間看護師が常駐する介護付有料老人ホームに入所し、私Cや妻Fは2週間に1回程度訪問していました。設備や人員が大変充実しており、入所時の費用や月々の費用も5年間で総額2,500万円となってしまいましたが、父Aと私Cが折半して何とか支払ってきました。私Cは遺産分割でこれを考慮してほしいと思っているのですが認められないのでしょうか。長女D、二男Eが父Aの介護施設に入所後に訪問した頻度はそれぞれ年に2回程度のようです。

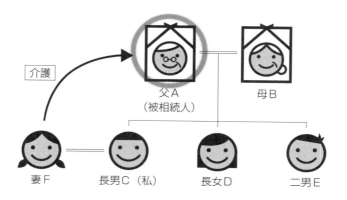

ポイント

① 長男Cが父Aの介護付有料老人ホームの費用を支出した点については寄与分として長男Cの具体的相続分を算定する際に考慮される可能性があります。
② 長男Cの妻Fの行為が寄与分として認められるか否かは争いがあります。

解説

1 寄与行為の類型

寄与分は一般に，(1) 家業従事型，(2) 財産給付型，(3) 療養看護型，(4) 扶養型，(5) 財産管理型に大別されますが，本事例は (3) 療養看護型に該当するため，(ⅰ) 療養看護の必要が高いこと（必要性），(ⅱ) 継続的に療養看護をしたこと（継続性），(ⅲ) 専従的に療養看護をしたこと（専従性），(ⅳ) 被相続人と当該相続人との身分関係に照らし通常期待される程度を超えた療養看護であること（特別性）などの事情を考慮して，判断されることになります（Q23 参照）。

第3章 相続発生後の対応

2 寄与行為の主体

次に本事例では法定相続人私Cだけでなく，私Cの妻Fが介護に関与しているとのことですので，法定相続人の配偶者が寄与行為の主体と認められるか問題となります。

この点肯定例としては，東京高決平成元年12月28日において「共同相続人間の衡平を図る見地からすれば…相続人の配偶者ないし母親の寄与が相続人の寄与と同視できる場合には相続人の寄与分として考慮することも許されると解するのが相当である。」と判示されています。

他方で，否定説からは，（ⅰ）なぜ寄与した妻本人ではなくて，夫が妻の寄与分を手中にすることが合理化されるのか問題がある，（ⅱ）相続人の妻の寄与を夫自身の寄与に算入することを認めると，妻以外の寄与者と著しく不衡平になるだけでなく，妻以外の寄与者の寄与をも認めると，寄与の範囲を定める合理的な判断基準がなくなる，（ⅲ）夫婦の財産関係は別個独立とするのが現行法・判例の立場であるにもかかわらず，寄与分については夫婦一体とみて，夫婦の寄与分を融合するのは首尾一貫しない等の理由で，法定相続人の配偶者の行為を寄与行為と見ることに反対する見解があります。

3 本事例の場合

(1) 寝たきりの状態における自宅介護

本事例についてみますと，私Cの妻Fが行った父Aの介護については，上記 **2** のとおり考え方に争いがあり，配偶者が寄与行為の主体となることを認めない立場に立ちますと，妻Fがいかに父Aの介護を行っていたとしても寄与分を認めないという結論となります。

他方，配偶者の寄与行為を一定の範囲で肯定する立場に立ちますと，上記 **1** の考慮要素を参考に寄与分の有無が判断されることになると思われます。具体的に検討すると，本事例で父Aは寝たきりで，要介護5の状態とのことですの

で，療養看護の必要性は高いといえます（ⅰ）。また，寝返りも自ら打てず，箸も持てない状態になってしまっているとのことですので，常時介護をしている必要があり，専従的に看護をしている状態といえるでしょう（ⅱ）。本事例において妻Fの寄与が相続人の寄与と同視できるものとして，妻Fの自宅における5年間の介護が寄与と認められる可能性もあると思われます。

仮に寄与分が認められた場合の具体的な計算方法ですが，例えば父Aの自宅介護を事業者に依頼すると日当7,500円がかかる場合で，裁量的割合は個別の事情により異なりますが仮に本件で0.5と判断されたとすると，

寄与分額＝日当7,500円×療養日数5年（365日×5年）×裁量的割合0.5＝約684万円を寄与分とする計算が考えられます。

(2) 介護付有料老人ホームの費用に関する私Cの支出

介護付有料老人ホームの費用のうち私Cが負担した費用1,250万円については，財産給付型とも療養看護型ともいえる内容であり，1,250万円と高額な金額となっていますので，通常期待される程度も超えたといえ，支出相当額について寄与分と認められる可能性があります。

(3) 2週間に1回の介護施設への訪問

介護施設入所後においても私Cおよび妻Fが施設を訪問していた点について寄与分が認められるでしょうか。確かに2週間に1回とはいえ，5年もの間施設を訪問することは私Cらにとっては負担が重いものであったという見方もできるかもしれません。また，その他の法定相続人長女D，二男Eがそれぞれ年2回程度しか行っていないとのことですので，なおさら，私Cに何らかの寄与分を認めてしかるべきとも思えます。

しかしながら，お見舞いに2週間に1回行ったことをもって，父Aの財産から何らかの支出を抑えることができたとは一般的に言えないだろうと思われます。特に本事例では父Aが入所したのが，24時間看護師が常駐する介護付有料老人ホームであり，施設も人員も大変充実しているとのことですので，これまで自宅で私Cや妻Fが行っていた介護の業務は，入所後はもっぱら施設が行っているものといえ，私Cや妻F自身が療養看護を行う必要性は低く（（ⅰ）），

専従的に療養看護をしたということも困難でしょう（（ii））。また，このような施設環境からすれば，2週間に1回の訪問も，一般的なお見舞い程度であったであろうと思われますので，父Aと私Cが親子関係であることに照らしてみれば，通常期待される程度を超えた療養看護ということも困難かと思われます。したがって，2週間に1回の介護施設への訪問をしたという事実のみをもって，寄与分を肯定するのは困難であろうと思われます。

> **STEP UP** 【相続法改正の動向】相続人以外の者の貢献を考慮するための方策
>
> 　相続人の配偶者の行為を寄与と認めるかという寄与分の主体に関する議論において，否定説の立場からは，仮に配偶者の行為を寄与と認めた場合，配偶者以外の寄与者と不衡平が生じる等の意見があります。
>
> 　そのため，相続法改正の議論においては，「相続人以外の者の貢献を考慮するための方策」として，相続人以外の者が，被相続人の療養看護等を行った場合には，相続開始後，一定の要件の下で，相続人に対して金銭（特別寄与料）の支払の請求をすることができるものとする案が提案されています。すなわち，本事例のFについて，Aの相続人への金銭請求を認めるものです。
>
> 　被相続人の生前には親族としての愛情や義務感に基づき無償で自発的に療養看護等の寄与行為をしていた場合でも，被相続人が死亡した場合に，療養看護等を全く行わなかった相続人が遺産の分配を受ける一方で，実際に療養看護等に努めた者が相続人でないという理由でその分配に与れないことについては，不公平感を覚える者が多いとの指摘を念頭に，上記提案がされています。

3 遺産分割協議

Q25 遺言がある場合の遺産分割協議

| 関連条文 | 民法 1012 条,同 1013 条,同 1015 条 |

事例

　先日亡くなった父Aは,遺言を遺していました。その内容は,金融資産の大部分を長男である私Cに,不動産の大部分を長女Dに相続させるというものでした(遺言執行者に指定されているのは私Cです)。ところが,長女Dは自身の財産を多く保有する訳ではないため,相続税の納税資金が準備できません。私としても,不動産をいくつか欲しいと考えており,この遺言どおり分けたくありません。それでも遺言の内容どおり分けなければならないのでしょうか。

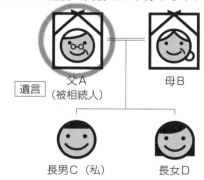

ポイント

① 遺言執行者の同意があって,相続人ら利害関係人全員の合意のもと,遺言と異なる処分行為をすることは有効と考えられます。
② 遺言執行者の同意なしに,相続人ら利害関係人全員の合意のもと遺言と異

第3章　相続発生後の対応

なる処分行為をした場合について，その有効性に争いがあります。

解説

1 遺言執行者が指定されていない場合

本事例と異なり，遺言執行者が指定されていない場合には，相続人全員（遺贈があれば受遺者も含む）の同意があれば，遺言の内容と異なる遺産分割協議をすることも可能です。

相続人や受遺者といった，遺言により利益を受ける者全員が遺言内容と異なる遺産分割を望めば，このような相続人や受遺者の意思を尊重する観点から，遺言の変更が可能と考えられています。

2 遺言執行者が指定されている場合

(1) 遺言執行者の権利義務

遺言執行者が指定されているにもかかわらず，一部の相続人が遺言に反して相続財産を処分した場合，その行為は絶対的に無効です（大判昭和5年6月16日，最判昭和62年4月23日）。遺言執行者が指定されている場合には，相続人は相続財産を管理・処分する権利義務を喪失し（民法1013条），代わって遺言執行者が相続財産を管理・処分する権利義務を有する（民法1012条）ことになるからです。そこで，遺言執行者は，相続人全員の合意のもとに遺言内容と異なる財産処分を求められても，遺言に基づいた執行をすることができます。

(2) 遺言執行者が指定されている場合に，遺言と異なる遺産分割は可能か

遺言執行者の同意のもとに，利害関係人全員（相続人・受遺者）の合意がなされ，かつ，その履行として処分行為がなされた場合について，民法1013条に反するものではないとして，相続財産の処分行為を有効とした裁判例があり

ます（東京地判昭和 63 年 5 月 31 日。ただし、「合意の内容が遺言の趣旨を基本的に没却するものでな」いとの留保が付されています）。

　さらに一歩進んで、遺言執行者の同意なしに、相続人ら利害関係人全員の合意のもとに、相続財産について遺言と異なる処分行為をしてしまった場合については、遺言者の最終意思を確保するために、民法 1013 条違反を理由に無効とする考え方も有力です。遺言者の最終意思よりも相続人の意思こそが尊重されるべきであり、あえて無効と解すべきではないようにも思われますが、検討を要する問題です。

　現状では、遺言執行者がある場合においては、遺産分割協議は遺言執行者の同意を得たうえで成立させるべきということになります。

(3)　遺言と異なる遺産分割と遺言執行者の職務との関係

　遺言執行者は、委任の規定が準用されるため（民法 1012 条 2 項、644 条）、遺言執行者が遺言内容変更に関与あるいはその承認をするとなると、形式的には善管注意義務に違反するように見えます。

　もっとも、相続人ら利害関係人全員の同意のもとに遺言と異なる遺言執行をなした場合は、善管注意義務違反の点について免責されていると評価でき、善管注意義務に違反しないと考えられます。なぜならば、遺言執行者は相続人の代理人とみなされ（民法 1015 条）、相続人は遺言者の地位を承継している（民法 896 条）ことから、委任の規定を準用するにあたっては、委任者に相当する者は相続人と解すべきであるからです。

　ただし、民法 1013 条に関する前掲東京地判昭和 63 年 5 月 31 日が「合意の内容が遺言の趣旨を基本的に没却するものでな」いこととの留保を付していることから、遺言執行者としては、遺言内容の大きな変更を迫られた場合には、善管注意義務との関係から、遺言執行者の任に留まるべきかどうかも検討すべきでしょう。

3 遺産分割協議

Q26 生命保険金が特別受益とされる場合

| 関連条文 | 民法903条 |

事例

亡くなった父Aの財産は，預金2,000万円，不動産5,000万円，生命保険金1,500万円です。相続人は長男C，長女である私D，二男Eの3名で，生命保険金は保険契約者，被保険者，保険料負担者が父Aで，保険金受取人が全額長男Cとなっていました。長男Cだけたくさんもらうのは不公平なので，私Dは父Aの遺産分割でその分預金や不動産をたくさんもらえるよう主張したいと思います。このような主張は認められるのでしょうか。

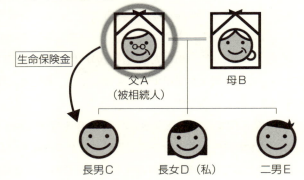

ポイント

① 原則としてこのような主張は認められません。
② ただし，私Dが父Aと同居し，父Aの介護等に大いに貢献していたなどの特段の事情が認められる場合には，判断が異なる可能性がないとはいえませ

ん。

解説

1 生命保険金と遺産分割

　生命保険金は，指定された保険金受取人が自己の固有の権利として取得するものであり，保険契約者または被保険者から承継取得するものではなく，相続財産には属さないものとされています。そのため，遺産分割の対象となりません（Q18 参照）。

　本事例の場合でいうと，生命保険金を除く，預金2,000万円，不動産5,000万円の合計7,000万円分について相続人3人で遺産分割を行うことになります。法定相続分（各3分の1）で分けると，1人当たり約2,300万円分ずつです。

2 生命保険金の特別受益該当性

(1) 特別受益

　特別受益とは，被相続人から共同相続人への「遺贈」，または婚姻もしくは養子縁組のためもしくは生計の資本としての「贈与」をいいます（民法903条1項，Q21参照）。

　ある相続人に特別受益がある場合，当該特別受益を相続財産に持ち戻し，その者の相続分から当該特別受益を控除した残額をもってその者の相続分とします。本事例の場合で仮に生命保険金が特別受益と認められると，みなし相続財産額は生命保険金を加えた8,500万円となります。これを法定相続分で分けると，1人当たり約2,800万円となりますが，生命保険金を取得した長男Cについては，当該2,800万円から生命保険金の1,500万円を控除した約1,300万円が取得分となります。すなわち，生命保険金以外の財産を，私Dおよび二男Eが約2,800万円ずつ，長男Cが約1,300万円取得します（長男Cには別途生命

保険金1,500万円があるので，合計約2,800万円となります）。

もっとも，生命保険金は民法903条1項にいう「遺贈」または「贈与」には当たりません（最決平成16年10月29日）。生命保険金請求権が，保険金受取人固有の権利であり保険契約者または被保険者から承継取得するものではなく，また実質的にも保険契約者または被保険者の財産に属していたといえないことが理由とされています。

(2) 生命保険金と特別受益

とはいえ，生命保険金請求権は，被相続人が生前に保険料を支払ったことで被相続人の死亡に伴い発生するものです。このような生命保険金の性質に鑑みると，生命保険金を遺産分割において全く考慮しないことは妥当ではありません。そこで，保険金受取人である相続人とその他の共同相続人との間に生じる不公平が民法903条の趣旨に照らし到底是認することができないほどに著しいものであると評価すべき特段の事情がある場合には，同条の類推適用により当該生命保険金請求権を特別受益に準じて持戻しの対象とします。ここでいう「特段の事情」の有無は，（ⅰ）保険金の額，この額の遺産の総額に対する比率，（ⅱ）同居の有無，被相続人の介護等に対する貢献の度合いなどの保険金受取人である相続人および他の共同相続人と被相続人との関係，（ⅲ）各相続人の生活実態等の諸般の事情を総合考慮して判断します（前掲最決平成16年10月29日参照）。

3 本事例の場合

以上を踏まえると，生命保険金は，原則として特別受益には該当しませんが，例外として特別受益に準じて持戻しの対象とする余地があります。もっとも，どのような場合に例外として持戻しの対象となるのかについては，裁判・審判例等を比較分析して検討するほかありません。参考となる裁判・審判例は，表9のとおりです。

まず，前掲最決平成16年10月29日で示された考慮要素である（ⅰ）保険

金の額，この額の遺産の総額に対する比率ですが，本事例の場合には1,500万円，遺産総額に対する比率約21％と，表9の①や③と比較するとやや高額といえます。とはいえ，持戻しの肯定された表9の②や④ほど金額や割合が高くないことから，この点についてのみ見ると著しい不公平があるとまでは言い難いと考えます。

　ただし，前掲最決平成16年10月29日は，（ⅰ）の保険金の額，この額の遺産の総額に対する比率のみならず，（ⅱ）同居の有無，被相続人の介護等に対する貢献の度合いなどの保険金受取人である相続人および他の共同相続人と被相続人との関係や（ⅲ）各相続人の生活実態等を考慮要素として挙げています。したがって，（ⅱ）および（ⅲ）の要素の有無によっては，長男Cのみ多く取得することが著しく不公平な場合がないとはいえません。例えば私Dが長年父Aと同居し，父Aの介護等に大いに貢献した一方，長男Cが父Aとは疎遠で長男というだけの理由でとりあえず保険金受取人が長男Cになっていたと思われるようなケースでは，長男Cのみ多く取得することが著しく不公平と判断される可能性がないとはいえません。もっとも，長男Cが父Aと同居していたり介護や身の回りの世話に貢献していたりした場合は，やはり私Dの主張は認められにくいでしょう（表9の①，③，⑤，⑥，⑦参照）。

　なお，持戻しの対象とする場合にいくら持ち戻すのかについては，被相続人が支払った保険料，相続開始時点の保険解約返戻金額なども考えられますが，表9の②および④の裁判例では，受け取った保険金額を持戻しの対象としています。

(表 9)

参考裁判・審判例

	保険金の額	遺産に対する比率	結　論
①最決 平成 16 年 10 月 29 日	約 574 万円	約 9%	持戻しなし
②東京高決 平成 17 年 10 月 27 日	約 1 億 570 万円	約 104%	持戻しあり
③大阪家堺支審 平成 18 年 3 月 22 日	約 428 万円	約 6%	持戻しなし
④名古屋高決 平成 18 年 3 月 27 日	約 5,154 万円	約 61% （相続開始時） 約 77% （遺産分割時）	持戻しあり
⑤東京地判 平成 25 年 10 月 9 日	約 4 億円	約 26%	持戻しなし
⑥東京地判 平成 25 年 10 月 28 日	約 1 億 3,787 万円	約 8% （遺産分割時）	持戻しなし（＊）
⑦東京地判 平成 27 年 6 月 25 日	約 1,322 万円	約 28%	持戻しなし

（持戻しなしという結論となった①，③，⑤，⑥，⑦においては，保険金受取人が被相続人と同居していたり介護に貢献していたりした事実や，他の相続人も遺産の一部を取得していたり生前に被相続人から贈与を受けていたりした事実等があわせて認定されています。）

（＊）死亡退職金 3 億 6,100 万円を当該保険金とあわせて取得しているものの，持戻しなしとされています。

3　遺産分割協議

Q27　相続分の譲渡

| 関連条文 | 民法 905 条 |

事例

父Aが亡くなりました。長男C，長女D，二男である私Eで遺産分割協議をしていますが長男Cと長女Dで激しく意見が対立しています。しかし，私Eは細かなことにはこだわりがないので，早く遺産分割協議から抜けたいと考えています。調停にも出たくありません。どうしたらよいでしょうか。

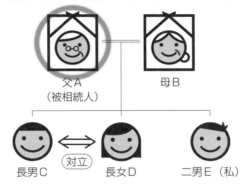

ポイント

① 遺産分割手続に加わることを望まない相続人は，相続分の譲渡という方法をとることにより，遺産分割調停・審判事件の当事者となることを避けることができます。相続人が多数にのぼる事案においては，相続分の譲渡を利用することにより，遺産分割手続に参加する当事者を整理することができます。

② 相続人間における相続分の譲渡に関して，相続税以外の譲渡所得税や贈与

税の課税は行われません。

解説

❶ 相続分の譲渡とは

(1) 相続分とは

　相続分とは，共同相続人が遺産全体（消極財産を含む）に対して有する権利義務の割合的な持分をいいます。遺産を構成する個々の財産に対する共有持分権とは異なりますので，注意が必要です。共同相続人が遺産分割前に相続分を譲渡することを許した直接的な規定はありませんが，民法905条1項が第三者に対して相続分を譲渡したことを前提としていることに照らすと，共同相続人は相続分を第三者のみならず，他の共同相続人に対しても譲渡することができると考えられます。また，相続分の一部を譲渡することもできると考えられています。割合的な持分のさらにその一部を譲渡したからといって大きな問題が生じるわけではないからです。

(2) 相続分を譲渡した場合

　相続分の全部が他の共同相続人または第三者に譲渡された場合，譲渡人は，原則として，遺産分割調停および審判の当事者適格（当事者として遺産分割に参加していく地位）を喪失し，遺産分割請求権を失います。ただし，譲渡人である相続人が，登記移転義務等を負っている場合には，当事者適格を失わないと考えられています。遺産分割調停事件が開始される前に相続分を譲渡した相続人は，遺産分割調停・審判事件の当事者適格がないので，遺産分割調停・審判に参加できません。

　相続分の全部が他の共同相続人または第三者に譲渡された場合，譲受人は，譲渡人の遺産全体に対する割合的な持分を取得するとともに，遺産分割手続に関与することができます。ただし，債務については，相続分の譲渡により相続人同士の関係では譲受人に移転しますが，債権者の関与なしに行われることに

照らし，債権者との関係では，譲渡人は依然として債務者であり，譲受人とともに併存的に債務を負うと考えられています。なお，共同相続人が相続分の譲受人になった場合は，従前の相続分と新たに取得した相続分を合計した相続分を有する相続人として遺産分割に加わることとなります。

(3) 相続分の譲渡の利用

相続人が多数にのぼる事案において，相続分を譲渡することにより遺産分割に参加する当事者を整理することができます。また，本来相続人と扱ってもいい第三者（内縁の妻等）に対し，相続分を譲渡することによって，第三者が遺産分割に関与できるようになります。

2 相続分の譲渡の方法

(1) 相続分の譲渡の方式

相続分の譲渡の方式は，とくに規定がなされておらず，当事者の合意だけで譲渡が成立します。また，相続分の譲渡の効力を譲渡人以外の共同相続人に主張するために，譲渡の通知もしくは登記などの対抗要件を備える必要があるか否かについて，審判例は，対抗要件を不要としています（東京高判昭和28年9月4日，新潟家佐渡支審平成4年9月28日）。また，審判例は，遺産分割前の相続分の譲渡が共同相続人間で有効になされた以上は，その後の他の相続人に二重に譲渡行為がなされても無効としています（和歌山家審昭和56年9月30日，新潟家佐渡支審平成4年9月28日）。なお，相続分が第三者に譲渡されたときは，譲渡人以外の共同相続人は，譲渡から1か月以内であれば，価額および費用を償還して相続分を取り戻すことができます（民法905条1項2項）。

(2) 相続分の譲渡の書式

家庭裁判所の遺産分割調停で使用されている相続分譲渡証書は，以下のとおりです（東京家庭裁判所の書式例）。

※ 相続分譲渡証書には，譲渡人本人の印鑑登録証明書も添付してください。
※ 本書面および印鑑登録証明書は，写しもご用意ください。照合のうえ，原本はお返し致します。

相 続 分 譲 渡 証 書

住所 _____

　　譲渡人（以下「甲」という）_____

住所 _____

　　譲受人（以下「乙」という）_____

甲は，乙に対し，本日，被相続人亡 _____

（本籍 _____ ）

の相続について，甲の相続分全部を（ 有償 ・ 無償 ）譲渡し，乙はこれを譲受けた。

　　　　平成　　年　　月　　日

　　　　　　　　甲 _____ ㊞

　　　　　　　　乙 _____ ㊞

家庭裁判所では，相続分の譲渡証書が譲渡人本人の意思に基づいて作成されたことを担保するために，原則として，譲渡人の印鑑登録証明書の添付が必要とされています。印鑑登録をしていない者や外国に居住している者など，その提出を要求することができない場合には，例外として，他の代替的な方法により本人が作成したことを確認する取り扱いがされています。

3　税務上の取扱い

(1)　相続人間における相続分の譲渡

　相続人間で相続分が有償あるいは無償で譲渡された場合，その相続分の譲渡に関しては，相続税以外の譲渡所得税や贈与税の課税は行われません。相続人間の相続分の譲渡は，有償で行われた場合には代償分割，無償で譲渡された場合には取得分がない遺産分割協議が行われたことと同様になるからです。

(2)　第三者に対する相続分の譲渡

　相続人以外の第三者に対して相続分が譲渡された場合，譲渡を受けた第三者は遺産分割協議に参加することになりますが，その第三者は相続または遺贈により財産を取得していないため，相続税法に基づく相続税の納税義務者にはなりません。したがって，相続分を譲渡した相続人が相続税の納税義務者となります。

　また，その相続分を有償で譲渡した場合には，相続人（譲渡人）は，譲渡所得税の申告も合わせて行うことになります。なお，無償で相続分を譲渡した場合には，譲受人の贈与税の申告が必要となります。

3 遺産分割協議

Q28 生前贈与があった場合

| 関連条文 | 相続税法28条，同33条，同36条，国税通則法70条，同72条，民法903条 |

事例

　父Aは先日亡くなりましたが，私Cは10年前に父から2,000万円の贈与を受け，自宅を建築しました。そのとき特に贈与税は支払っていません。税金を支払う必要があるのでしょうか。また，他の兄弟との関係で問題はないでしょうか。

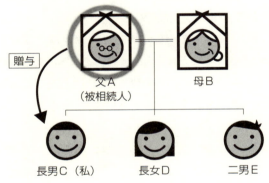

ポイント

① 既に贈与税の賦課期間が過ぎており，徴収権も時効になっていますので，贈与税を支払う必要はありません。
② もっとも，父Aから相続人である私Cが2,000万円の贈与を受けたことは特別受益に該当し，父Aの遺産分割の際，他の共同相続人と比べて私Cの取得分がその分減ってしまう可能性があります。

解説

1 贈与税の納税義務

贈与により財産を取得した者は、贈与税の申告および納税義務があります（相続税法1条の4第1項）。申告および納税の期限は、贈与を受けた年の翌年2月1日から3月15日までです（相続税法28条1項、33条）。ただし、その年に暦年贈与により取得したものの課税価格が基礎控除額である110万円以下の場合には申告および納税が不要です（相続税法21条の5、租税特別措置法70条の2の4）。

本事例の場合には、私Cが贈与により2,000万円を取得しているため、私Cは贈与税の申告および納税義務を負っていたといえます(*)。

(*) 平成27年1月1日から平成33年12月31日までの間に、父母や祖父母など直系尊属からの贈与により、住宅取得等資金を取得した場合で、一定の要件を満たすときは、一定限度額まで贈与税が非課税となる特例があります。ただし、当該特例を受けるためには申告期限までに申告書および添付書類の提出が必要です（租税特別措置法70条の2）。

2 贈与税の時効

税務署長による決定等の賦課権は、基本的に申告期限から5年を経過した日以後においては行使することができません（国税通則法70条1項）。この期間は除斥期間であるとされています(*)。ただし、贈与税については、5年間ではなく6年間となります（相続税法36条1項）。贈与は、他の税目とは異なり対外的取引というよりも身内間の資産移転が多く表面化しづらいことなどから、課税の公平を図るため他の税目よりも期間が長く設定されています。

また、国税の徴収権は、その法定納期限から5年間行使しないことによって、時効により消滅します（国税通則法72条1項）。ただし、贈与税については、5年間ではなく6年間となります（相続税法36条4項）。なお、偽りその他不

正の行為がある場合には，賦課権の除斥期間および徴収権の時効期間は，7年間となります（国税通則法70条4項，73条3項）。

民法においては，時効期間が満了しても当事者による時効の援用がなければ当事者が時効の利益を受けることはありません（民法145条）。また，当事者は時効の利益を放棄することが可能です（民法146条参照）。しかし，国税徴収権の時効は，当事者の援用を要せず，当事者が時効の利益を放棄することができません（国税通則法72条2項）。

本事例の場合には，10年前の贈与なので，税務署長が決定を行うことができず，徴収権も時効となっているといえます。ただし，納税は国民の義務です（憲法30条）。当然ですが，故意に申告納税をしないということはあってはなりません。また，申告を忘れた場合には本来支払うべき税額に加えて無申告加算税や延滞税が課される可能性があります。申告納税は絶対に忘れないようにしましょう。

（＊）除斥期間は，時効期間とは異なり，中断がなく援用を要しない点が特徴です。

3 特別受益該当性

ところで，税金については既に時効となる場合であっても，遺産分割においてはそうはいかないことがあります。被相続人から相続人への生前贈与は，特別受益として遺産分割において持戻しの対象となります（民法903条1項，Q21参照）。

本事例の場合には，遺産分割において，私C以外の他の共同相続人が，私Cが受けた2,000万円の贈与を特別受益として持ち戻すよう主張する場合には，私Cはこれに従わざるを得ず他の共同相続人と比べて私Cの取得分が既にもらっている2,000万円分減ってしまう可能性があります。ただし，共同相続人全員が納得していればこれとは異なる遺産の分け方も可能です。

なお，税務においては，高齢世代（祖父母・親世代）から中間・若年世代（子・孫世代）への贈与を促す特例が種々規定されており（前述の住宅取得等資金の

非課税，教育資金一括贈与の非課税，結婚・子育て資金の一括贈与の非課税など），実務上も少しずつ活用が進んでいます。もっとも，父が一部の子だけにこのような特例を用いて贈与を行った場合，生前には非課税として安心して贈与を受けたにもかかわらず，相続開始後の遺産分割においては，他の相続人との間で不公平としてもめる原因となるおそれがあります。生前贈与の際には，税務だけでなく民法上の問題にも気を配る必要があるといえます。

> 4 遺言の執行

Q29 自筆証書遺言の検認

| 関連条文 | 民法 1004 条，同 1005 条，同 1006 条，同 1010 条，家事事件手続規則 115 条 |

事例

　父Aが先日亡くなりました。父Aの遺品を整理していたところ，父Aの机の中に「遺言書」と記載された封が閉じられた封筒がありました。私は，開けてはいけないと言ったのですが，二男Eが開けてしまいました。そのような遺言も有効なのでしょうか。また，有効だとして，今後どうすればよいのでしょうか。

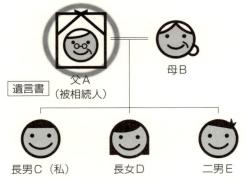

ポイント

① 自筆証書遺言が封の閉じられた封筒に入れられている場合，家庭裁判所の手続を経ずに封筒を開封しても，その封筒に入っていた自筆証書遺言は有効です。ただし，家庭裁判所外で開封すると，5万円以下の過料に処せられる可能性があります。

②　今後は，開封された遺言を家庭裁判所に提出して，その検認の手続を請求しなければなりません。

解説

❶　自筆証書遺言の検認

　公正証書遺言を除く全ての遺言書については，その保管者や発見者が，相続の開始を知った後，できるだけ早く，遺言書を家庭裁判所に提出して，その検認を請求しなければなりません（民法1004条1項2項）。検認とは，遺言書の変造・隠匿の防止を目的として，家庭裁判所が，遺言書の現状（方式・記載などの外部的状態）を確認し，証拠を保全するための手続です。

　遺言書が封印のある封筒に入れられている場合は，家庭裁判所において相続人またはその代理人の立会いの上で封筒が開封されなければなりません（民法1004条3項）。ただし，家庭裁判所は，相続人または検認を申立てた遺言の保管者に対して，遺言書検認の通知をする必要があるものの（家事事件手続規則115条1項），相続人等が立会いを拒否すれば，立会いなしに開封してよいものとされています（大正13年6月5日民事局長回答）。

　そして，遺言書を提出しなかったり，家庭裁判所外で開封したり，検認手続を経ずに遺言を執行した者がいても，遺言やその執行の効力に影響はありませんが，その者は5万円以下の過料に処せられる可能性があります（民法1005条）。

　この検認の手続は，相続人が，遺言者の最後の住所地を管轄する家庭裁判所に対して申立てを行い，遺言書1通につき800円の手数料を支払って行います。この申立てについて，検認が遺言書の現状を確認等するものに過ぎないので，不服申立てはできないとされています。

　また，実務では，相続人や受遺者には検認の期日が通知され，立会いの機会が与えられていますから，検認の手続は，相続人等が集合してどのように今後の手続をするのかを話し合うきっかけとなります。

2 自筆証書遺言の執行

　遺言の執行とは，相続財産の名義変更などを行い，相続人が財産を名義変更して自己の物とするために必要となる手続のことをいいます。特段の指定がなければ，相続人が遺言の内容通りの執行をしますが，被相続人が遺言で指定する場合（民法1006条1項）や利害関係人が家庭裁判所に請求することにより指定される場合（民法1010条）には，その指定された遺言執行者が遺言の執行を行います。実務では，預貯金を有する被相続人が多いですが，その執行手続は，各金融機関によって異なるため，個別の確認が必要となります。例えば，金融機関によっては，自筆証書遺言のみでは名義変更の手続をしない場合があり，金融機関所定の書類に全相続人の署名押印を要求される場合があります。自筆証書遺言は，公正証書遺言と異なり法定の形式を満たすかを判断しなければならず，その有効性が問題となりうるものだからです。

> **STEP UP**　【相続法改正の動向】自筆証書遺言に係る遺言書の保管制度の創設
>
> 　相続法改正の議論においては，自筆証書遺言を法務局で保管する制度の創設が提案されています。遺言書の保管の申請があった場合，法務局において，自筆証書遺言の方式の適合性を確認するため，相続開始後，自筆証書遺言の方式の適合性を確認する検認手続は不要とされます。また，法務局に保管された遺言書については，遺言者の相続開始後，何人も，遺言書やその画像の閲覧を請求することができるようになります。この制度が創設されると，自筆証書遺言の紛失や偽造の危険や無効のおそれ（Q7参照）が相当程度軽減されるため，自筆証書遺言がより利用しやすくなります。

4 遺言の執行

Q30 自筆証書遺言の有効性

| 関連条文 | 民法968条,同1004条,同1022条〜1024条 |

事例

父が先日亡くなりました。その机の中に「遺言書」と記載された封が閉じられていない封筒がありました。中を見ると，遺言らしき内容が書かれていましたが，斜線が引いてありました。このような遺言も有効なのでしょうか。

また，遺品を整理していたら複数の遺言が発見されたという話を聞いたことがあります。こういった場合はどうなるのでしょうか。

ポイント

① 封のされていない封筒に入って発見された遺言も，それのみであれば有効です。もっとも，遺言書に斜線が引いてあったというとき，その状況によって，遺言書の効力は，全部無効，一部無効または全部原文どおり有効など判断が分かれます。

② また，複数の遺言の間での矛盾や，遺言者の行為と遺言の矛盾といった場合，基本的には後からされた遺言や行為が優先されますが，場合に応じて慎重な検討が必要です。

解説

1 自筆証書遺言の有効性

自筆証書遺言の有効要件は全文，氏名および日付の自署と押印です（Q7参照）。それらの要件を満たしていることを前提として，その遺言書が封の閉じられていない封筒に入れられた状態で見つかったとしても，原則として有効です。

もっとも，その遺言書に斜線が引いてあったとすると，それが遺言書の破棄と認定されて，遺言が無効となる可能性があります。

以下でそれぞれ検討します。

2 遺言と封筒の封緘

(1) 封がされていない遺言

自筆証書遺言の有効要件において，封筒に入れて保管することや，封筒に封をすることは要件とされていません（民法968条1項）。裁判例でも，封筒の綴じ口に封印の押印および「〆」の字による封書がされていながら封緘がされていなかったという事案で，自筆証書遺言の有効性が認められています（東京地判平成28年3月25日）。そのため，封がされていない封筒に入った状態で発見されたとしても，それのみであれば遺言は有効と考えられます。

もっとも，上記の東京地判平成28年3月25日の事例でも一方当事者が遺言の偽造の可能性を主張していましたし，本事例のような疑問を持つのも，遺言の偽造を疑ったためであると思います。やはり，遺言が入っている封筒に封がされていないことは，遺言の偽造を疑う理由の一つになりますので，ほかに遺言の偽造を疑う理由が加わった場合には遺言の有効性が否定される場合もないとはいえません。

(2) 封筒に入っていない遺言

　封のされていない封筒に入っていたという事案ではありませんが、遺言書が封筒に入っていなかったという事実が遺言書を無効と判断するうえで考慮された裁判例があります。

　判決文の構成として偽造と認定する根拠として封筒がないことが明示されているわけではありませんが、「財産は全部○○へ」といった曖昧な文章で「遺言書」との記載もない文書について、作成日時には被相続人は衰弱していた状態であって、封筒に入っていない状態でほかの便箋等と混ざって発見されたことなどから、被相続人の確定的な意思を示す遺言とはいえないとしたうえ、訴訟が進行した後になって実は遺言書を手渡されていたと主張し、別の遺言の内容が曖昧であることが別事件で争われている中で当該文書が発見されたという経緯の不自然さなどから遺言を偽造と認定した裁判例があります（東京地判平成9年2月26日）。

　また、偽造とされなくとも、封筒に入っていないことによって正式な遺言でないと認定される可能性があります。遺言書の全文、氏名および日付の自署と押印という要件は満たされていたものの、遺言書が封筒に入っていない状態でほかの書類に紛れて発見され、当該遺言書の作成後に弁護士等に遺言書作成に関する相談をしており、鉛筆書きで加除変更されていながら加除変更の署名押印を備えていないなどの事情から、当該遺言書は下書きに過ぎないとして無効とされた裁判例があります（東京地判平成28年10月25日）。

(3) 封筒の封緘の必要性

　封筒に封緘がされている場合には、遺言書本体のみでは自筆証書遺言の形式要件を欠いているときでも、その欠けた部分が封筒に記載されているとき、遺言書本体と封筒を一体の自筆証書遺言と見て有効と判断される可能性があります。例えば、遺言書本体に押印が欠けていた事例（最判平成6年6月24日）や、日付の記載が欠けていた事例（福岡高判昭和27年2月27日）において、封筒に封緘がされていたことを根拠に遺言書本体と封筒を一体のものとみなして、封筒の綴じ口への押印や日付の記載をもって遺言を有効とした裁判例が存

在します。しかし，家庭裁判所での検認時において封筒に封緘がなかった事例では，遺言書本体と封筒との一体性はないとして，遺言書本体に署名押印がない場合，封筒に署名押印があっても遺言は無効とされています（東京高判平成18年10月25日）。

(4) まとめ

以上より，法律上は遺言書を封筒に入れて保管するといった必要はありませんが，遺言者の視点からは，遺言書の破損や汚損を避けるため，また，遺言書の偽造や変造が疑われないためにも，自筆証書遺言を作成したら封筒に入れて封をしておくことが適切です。また，署名押印は封筒でなく遺言書本体へ行うことが適切です。

なお，封のされていない遺言については，家庭裁判所における開封という手続は不要であるものの，自筆証書遺言である以上は家庭裁判所において検認を受けなければなりません（民法1004条1項，3項。Q29参照）。

3 斜線が引いてある遺言

(1) 遺言の破棄

遺言者が遺言を故意に破棄したときは，その遺言は撤回されたものとして無効となります（民法1024条）。そして，判例において，1枚からなる遺言書の文面全体の左上から右下にかけて赤色のボールペンで一本の斜線が引かれていたという事案で，元の文章を判読することが可能であったものの，遺言者が遺言を故意に破棄したものと認定し，遺言は無効とされています（最判平成27年11月20日）。そのため，同様の状況であったのであれば，本事例の遺言も無効と考えられます。

(2) 遺言の変更

自筆証書遺言を加除変更するには，変更箇所を特定して変更した旨を付記したうえで改めて署名し，かつ変更箇所に押印しなければならないこととの関係で注意が必要となります。すなわち，遺言書に斜線を引く行為が，遺言の一部

削除または変更にとどまると認定された場合には，これらの厳格な要式を備えていなければ，元の文言のままの遺言と扱われることとなります。

現に，前記の判例（最判平成27年11月20日）の元となった下級審判決（広島高判平成26年4月25日，広島地判平成25年11月28日）では，元の文字が判読できることを理由に，文書全体の破棄とはいえないとして，その遺言が有効であるとされていました。最高裁は，元の文字が判読できるとしても，赤色のボールペンで文面全体に斜線を引く行為は，一般的に自筆証書遺言の変更ではなく全部破棄の意図だとし，下級審判決を覆して遺言を無効としましたが，事実関係に相違があれば遺言書に斜線が引いてあっても有効とされる可能性も考えられます。

例えば，斜線の引かれた範囲が，文面全体ではなく文面の一部にとどまっていた場合，遺言書全体が破棄されたものではなく，一部削除または変更にとどまると認定される可能性が考えられます。

また，遺言書が1枚のみからなるわけでなく，遺言書が複数枚にわたる場合で，斜線が引かれていないページがあるとき，やはり遺言書全体が破棄されたものではなく，一部削除または変更にとどまると認定される可能性が考えられます。

そのため，遺言書に斜線が引かれていることにより，遺言書を無効とした判例は存在するものの，遺言書と斜線の具体的な状態によって有効と無効との判断は異なりうると考えられます。

なお，前記の判例（最判平成27年11月20日）では，遺言者の死後，別件での公務員による検査の最中に金庫から遺言が発見されたといった事情から，斜線を引いたのは遺言者自身であると認定されています。しかし，封がされていない状態で斜線の引かれた遺言書が見つかったという場合，斜線を引いたのが遺言者本人かどうかという点も検討する必要があります。斜線を引いたのが遺言者本人とは限らないという場合，やはり元の文言のままの遺言と扱われる可能性があります。

一方，遺言者の視点からは，遺言書を破棄するのであれば，斜線を引くにと

どまらず破棄するなど誤解のないようにすべきですし，遺言書を変更するのであれば厳格な要式（民法968条2項）を遵守して行うか，元の遺言書を破り捨てたうえで改めて遺言書を作成するなどすべきといえます。

4 複数の遺言

　相続人が遺品を整理しているとき，複数の遺言が発見されることがあります。それぞれの遺言がQ7で説明した有効要件を備えている場合，いずれも有効な遺言となります。

　このとき，日付の新しい遺言に，日付の古い遺言を撤回する旨の文言が記載されていた場合，その部分は撤回されたことになります。日付の古い遺言の一部を撤回することも可能です（民法1022条）。

　また，前の遺言を撤回する旨の文言が記載されていない場合でも，特定の財産を相続させる相手が異なっている場合など，それぞれの遺言で内容が矛盾する場合，その内容に関する部分に限り，日付の新しい遺言が優先され，日付の古い遺言は撤回されたものとみなされます（民法1023条1項）。

　もっとも，複数の遺言が存在する場合，それぞれの内容が矛盾しているかどうかが相続紛争の原因となることも考えられるため，遺言を作成する観点からは，複数の遺言を保管するのではなく，常に古い遺言は破棄して，全文を書き直した最新の遺言のみを残すことが望ましいといえます。

5 遺留分減殺請求

Q31 遺言作成者からみた遺留分

| 関連条文 | 民法 1028 条，同 1031 条 |

事例

　私Aは財産が１億円ほどあるのですが，自分と同居し，数年前に亡くなった妻Bを最期まで面倒見てくれた長男Cに財産の多くを遺したいと思っています。長女Dに対しては，10年前，長女Dの自宅の建築資金として1,500万円を援助したので，相続で財産を残す必要はないと思います。また，二男Eは実家に顔を出さないばかりか，実家に帰ってきたときにも私にお金をせびるばかりですので，財産をあまり残したくありません。このような場合，私はどうすればよいのでしょうか。

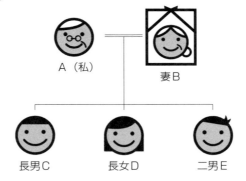

ポイント

① 自分が遺す財産を自分の思うように分けたい場合，遺言を作成するのは有効な方法の一つです。

② 残された相続人間の紛争を避けるために，どの相続人も少なくとも遺留分の限度で財産を相続できる内容にするなど遺言の内容を工夫する必要があります。

解説

1 自分の遺産を自分の思うように分けたい場合

相続人は家族とはいえ，心情的に自分の財産を遺したくない場合もあります。また，反対に，自分と同居し介護等をしてくれたなどの理由で多くの財産を一部の相続人に渡したいという場合もあります。そのような場合に被相続人がとることができる方策として考えられるのが，（ⅰ）遺言を作成する方法，（ⅱ）生前贈与を行う方法，（ⅲ）推定相続人の廃除をする方法（民法892条。Q13参照）です。また，当然のことですが，財産を遺したくない相手が配偶者の場合，離婚した場合にはその配偶者の相続権はなくなります。さらに，残す財産が現金であれば，生命保険に入り，受取人を指定することで同じ目的を達成することができます（生命保険についてはQ26も参照）。なお，自社株や事業用財産の問題であれば，中小企業経営承継円滑化法に基づく除外合意または固定合意の制度も用意されています。

（ⅱ）の生前贈与を行うことも選択肢の一つですが，例えば，現金1,000万円の贈与を行うと，贈与税が177万円課されてしまいます(*)。一般に贈与税の税率は相続税と比較して高率であるため，110万円の基礎控除の範囲内で毎年贈与を行うような場合を除き，相続人に対して多額の財産の贈与を行うことは税務上の問題があります。また，生前贈与はその名のとおり被相続人が生きている間にその財産を贈与してしまうので，自分が死ぬまでは財産を自分のものとして保有しておきたいという方にとっては適切な方法ではありません。

一方，（ⅲ）の相続人の廃除が本事例で認められないことは明らかです。

これらを考慮したとき，私Aの意思を実現するために最も確実で有効な方法

は遺言の作成です。もっとも，遺言を作成して，財産の配分方法を決める場合には，遺留分に注意しなければなりません。

(＊) 直系尊属（祖父母や父母など）から，その年の1月1日において20歳以上の者への贈与（特例贈与財産の贈与）であったとして計算すると，{1,000万円－110万（基礎控除額）}×30％－90万円＝177万円となります（租税特別措置法70条の2の5）。

2 遺留分の概要

(1) 遺留分とは

遺留分とは，相続人に保障される相続財産の一定割合をいいます。この遺留分について，相続人は被相続人が亡くなったときに被相続人から受け継ぐことができるものと期待しており，法律上も権利として保護されています。

(2) 遺留分権利者とその割合

遺留分を有するのは，兄弟姉妹以外の法定相続人です。すなわち，相続人となる配偶者，子（代襲者を含む），両親には，遺留分が認められています。

各相続人の遺留分割合は，直系尊属（父母や祖父母など）のみが相続人である場合は，相続財産の3分の1，その他の場合は2分の1とされています（民法1028条）。すなわち，通常は，法定相続分の2分の1の割合が遺留分となり，両親のみが相続人の場合は，その両親の遺留分は法定相続分の3分の1となります。

(3) 遺留分減殺請求の対象

遺留分減殺請求の対象となるのは，被相続人が行った遺贈および贈与です（民法1031条）。条文上は，「遺贈」とされていますが，実務上ほとんどの遺言で用いられる「相続させる」旨の遺言によって財産を取得する場合もこれに含まれると解釈されています（最判平成21年3月24日等）。

また，遺言によって財産を取得させる場合だけでなく，贈与についても対象とされている点に注意が必要です。仮に相続開始時の財産が1,000万円しかなかったとしても，生前贈与で9,000万円を特定の相続人に対し贈与していたと

すると，その9,000万円の贈与は遺留分減殺の対象となります。本事例でも長女Dへの1,500万円の資金援助は贈与として遺留分減殺の対象となる可能性があります。

3 遺留分を加味した遺言作成の必要性

(1) 本事例の場合

本事例では，私Aの推定相続人は長男C，長女D，二男Eの3名です。私Aは長男Cに多くの財産を残したいので，長女Dおよび二男Eに対しては，最低限，遺留分相当額（長女Dは6分の1，二男Eは6分の1）を配分する内容を遺言として残しておくことが考えられます。私Aの相続開始後，長女D・二男Eは法律上保障された遺留分を取得している以上，私Aの相続に関し，遺留分の請求を行うことができなくなります。

(2) 全財産を長男Cに残したい場合

もっとも，私Aがどうしても長女Dと二男Eに遺留分に相当する財産さえ残したくない場合には，長男Cに全財産を相続させる内容の遺言を残してしまうことも可能です。そうすることで，長男Cは私Aの全財産を引き継ぐことができます。

しかし，そのような場合は，私Aの相続開始後，私Aの財産をめぐって，相続人間で遺留分をめぐる紛争となる可能性があります。遺言で遺留分を請求しないように記載されていることもありますが，法的効力はありません。私Aが元気な間に，遺言の内容を長女Dや二男Eに説明した上で，家庭裁判所の手続が必要な遺留分放棄（民法1043条）を求めることも考えられますが，相続財産を多く受け取ることを期待している相続人に対し，それを放棄させるのは容易なことではないでしょう。

(3) 紛争予防の観点

紛争予防の観点からは，私Aは遺言の中に，10年前，長女Dに1,500万円の生前贈与を行ったことを遺言に記載しておくべきでしょう。それにより，生前

贈与の事実が他の相続人にも明らかになり，贈与の有無をめぐる争いを防止することができます。また，遺言の最後に付言事項として，このような財産の配分にした理由を書いておくことで相続人の納得が得られる場合もあります。さらに，紛争化しそうな場合には，遺言執行者として弁護士を定めておくことで，一定程度紛争を抑止することが可能です（ただし，遺言執行者に指定された弁護士は，相続人のいずれか一人の代理人として依頼を受けることが禁止されていますので，相続人間の紛争への関与には限界があります）。

相続開始後，相続人間で遺言や遺留分に関する紛争が生じ，遺留分減殺請求調停や訴訟に移行する事例も多くあります。調停や訴訟に移行した場合，解決まで3年から4年要することもあります。私Aとしては，相続人間の関係を悪化させないために，最善の方策を検討しましょう。

STEP UP　「遺留分相当額を二男Eに相続させる」という内容の遺言

遺言を作成しようとする人からの質問としてよく受けるのは，「遺留分相当額を二男Eに相続させる」という内容の遺言を書いても有効か，という質問です。結論から言うと，「遺留分相当額を二男Eに相続させる」という内容の遺言は紛争予防の観点からは避けるべきです。

その場面としてまず，「遺留分相当額」というのは一義的に決まるものではありません。遺留分は通常一義的に決まりますが，財産の評価方法は法律で定められていません。遺産分割調停・審判においても，遺留分減殺請求調停・訴訟においても，財産の評価は争点になりやすい問題です。これに対しては，「遺留分相当額の計算にあたり，財産の評価方法は相続税評価とする」という記載を付記することも検討に値します。しかし，誰の行った相続税評価を基準とするか，小規模宅地の特例等の相続税法上特殊な評価方法で算定している場合どうするのか，相続税申告が完了するまで評価が確定せず，それまでEが遺産を受け取れないのか等の問題が残ります。

相続人間の紛争を予防するため，遺言を作成するのですから，できるだけ争いが生じにくい内容で作成しましょう。例えば，本事例では，（遺留分相当額

を計算した上で)「現金2,000万円」,「甲銀行乙支店の普通預金および定期預金」といった形で明確にし,相続財産額に大きな変動が生じた場合には遺言を書き換えるという方法をとるのが無難でしょう。

> 5　遺留分減殺請求

Q32　財産をもらえなかった相続人から見た遺留分

| 関連条文 | 民法903条，同1030条，同1044条，相続税法27条，同30条，同32条 |

事例

　先日亡くなった父Aの部屋を整理したところ，公正証書遺言が見つかりました。その中身を読むと，全ての財産を長男Cに相続させる，長女Dは10年前に1,500万円を贈与したからそれで満足してくれ，二男Eは20年近く顔を見せていないので財産を残さなかったという内容が書いてありました。父の財産は，1億円程度はある上，父と同居していた長男Cは父Aのお金を1,000万円近く使い込んでいるはずなので，この遺言は，私Dや弟Eの遺留分を侵害しているはずです。私Dや弟Eは，どうすればよいのでしょうか。

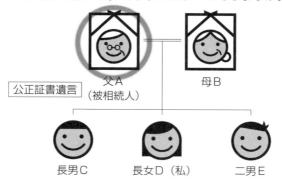

ポイント

① 遺留分侵害の可能性がある場合は，速やかに遺留分減殺請求の意思表示を行う必要があります。

② 遺留分減殺請求をすると，請求をした人とされた人との間で財産の共有関係が生じます。
③ 遺留分減殺請求に関する紛争は，最終的には金銭の交付により解決されるのが通常です。
④ 相続税の申告期限までに遺留分減殺請求に関する紛争が解決しているか，していないかで相続税の申告手続は異なります。

解説

1 遺留分減殺請求の方法

(1) 最初にすべきこと

　遺留分が侵害されている可能性がある場合，遺留分を侵害されていると主張する者（以下「遺留分権利者」といいます）がまず行うべきことは，遺留分を侵害している者（以下「遺留分侵害者」といいます）に対して，遺留分減殺請求の意思表示を行うことです。遺留分減殺請求権の行使には時効期間が定められており，相続の開始および遺留分減殺すべき贈与または遺贈があったことを知った時から1年以内に行使する必要があります（Q33も参照）（民法1042条）。

　そのため，私Dおよび二男Eは，速やかに長男Cに対し遺留分減殺請求の意思表示を行う必要があります。実務上は，その日に遺留分減殺の意思を表示したことを証拠として残すため，配達証明付内容証明郵便によって，書面を送付します。

　なお，遺留分侵害額の計算は複雑で，かつ，遺留分権利者側に計算根拠となる資料が乏しいことが多いため，詳細な遺留分侵害額を計算する前に遺留分減殺請求の意思表示だけ先に行うケースもよくみられます。私Dが長男Cに対し遺留分減殺請求を行うとすれば，以下の内容の書面を送付します。

```
┌─────────────────────────────────────────────────────────┐
│                   遺留分減殺請求通知書                      │
│                                                         │
│   C殿                                                   │
│                                                         │
│  前略　被相続人父Aは，平成○年○月○日付公正証書遺言により，長男  │
│  である貴殿に対し，すべての財産を相続させる旨の遺言をなし，平成○ │
│  年○月○日亡くなりました。                                  │
│    しかし，被相続人には，長男である貴殿，二男であるEおよび長女で │
│  ある私Dの3名の相続人がおり，上記遺言により，私の遺留分6分の1  │
│  が侵害されています。                                      │
│    よって，私は，貴殿に対し，本書面をもって，遺留分減殺の請求をします。│
│                                                   草々  │
│                                                         │
│                                          平成○年○月○日 │
│                                          東京都○区○町○ │
│                                                      D  │
└─────────────────────────────────────────────────────────┘
```

(2) 遺留分減殺請求の対象

　遺留分減殺請求の対象は，遺贈（「相続させる」旨の遺言によって財産を取得させる場合も含む）と生前贈与です。生前贈与が遺留分減殺請求の対象となるかどうかは，贈与を行った時期と相手方によって異なります。まず，共同相続人に対する贈与は原則として全て遺留分減殺請求の対象となります（民法1044条，903条1項）。すなわち，相続人に対する贈与は，原則として，何年前のものでも，法律上は遺留分減殺請求の対象にすることができるということです（ただし，最判平成10年3月24日は，一般論としては，相続開始から相当以前にされた贈与につき遺留分減殺の対象とならないことがありうる旨を判示しています）。これに対し，相続人以外に対する贈与は，相続開始前1年以内になされた贈与は全て対象となりますが（民法1030条前段），相続開始前1

年以前になされたものは,被相続人と受贈者の双方が遺留分権利者に損害を加えることを知ってなされた贈与のみ,遺留分減殺請求の対象とされます(民法1030条後段)。そのため,相続対策として,被相続人と相続人の一人が協力し,専門家のアドバイスも受けつつ贈与を行うような場合は,財産額を把握しているため仮に相続人以外の者(例えば被相続人の孫)を相手として贈与を行っていたとしても,被相続人と受贈者の双方が遺留分権利者に損害を加えることを知ってなされた贈与として遺留分減殺請求の対象とされる可能性がありますので注意が必要です。

(3) 遺留分減殺請求の法的性質

遺留分減殺請求が行使された場合,遺留分減殺請求の対象となった財産は,遺留分割合において,遺留分権利者が所有者となります。そのため,対象財産に賃貸アパート等の収益物件が含まれていた場合,賃料の一部(遺留分割合)は遺留分権利者のものになります。もっとも,一部の権利者となったからといって,名義変更までは行わず,最終的な解決金の支払いの際にその賃料分を加味して計算するのが通例です。

2 遺留分減殺請求に関する紛争の解決

本事例では,相続財産が1億円程度存在するにもかかわらず,二男Eは遺言で1円も財産を取得できませんし,生前贈与も受けていなかったようなので,遺留分が侵害されているのは明らかです。一方で,私Dは1,500万円の生前贈与を受けていますので,遺留分侵害がない可能性があります(遺留分侵害額の計算方法はQ33参照)。もっとも,父Aの了承の下,長男Cが父Aの財産のうち1,000万円を自分の趣味のために費消していた場合には,父Aから長男Cに対して1,000万円の贈与があったことになります。その場合,遺留分算定の基礎となる財産額が1,000万円増加し,私Dの遺留分侵害も認められる可能性があります。

遺留分権利者が遺留分侵害者に対し遺留分減殺請求の意思表示を行った後は,

両者で具体的な遺留分侵害額や解決金の額について交渉を行います。上述のとおり，遺留分権利者は，遺留分減殺請求の対象となる財産の一部の所有権を取得し，遺留分侵害者との間で共有関係が発生することになりますが，共有関係を続けることは双方にとってメリットがないので，遺留分侵害者が遺留分権利者に遺留分侵害額相当の解決金を支払って紛争を終了させることが一般です。

なお，相続財産に預金と不動産が存在した場合，遺留分権利者の側から，全て金銭で払うように請求したり，特定の不動産を渡すように請求したりすることは認められていません。もっとも，遺留分請求を受けた遺留分侵害者の側で，不動産等の共有関係を避けたり，不動産の交付を避けたりするために，金銭による解決を提案すること（価額弁償）は認められています。

3 遺言の効力を争う方法

なお，遺言の内容に納得できない相続人は，遺留分減殺請求ではなく，遺言の無効を主張することも可能です。遺言能力がないとか，遺言の形式的要件を充足していないことを理由として主張されますが，他の相続人が納得しない場合には，遺言無効確認訴訟により最終的な解決を図ることになります。しかしながら，自筆証書遺言ならともかく，公正証書遺言を作成した場合，その遺言が無効と認められるケースは決して多くはありません。

4 遺留分侵害額を受領した場合の税務上の取扱い

(1) 相続税の申告期限前に遺留分減殺請求により返還すべき財産等が確定した場合

相続税の申告期限前に長男Cと私Dや二男Eとの間で協議がまとまり，遺留分減殺請求に応じて返還すべき財産等が確定したときは，私Dおよび二男Eは，その遺留分減殺請求による協議の結果を織り込んで相続税を計算し，長男Cおよび私D，二男Eは相続税の申告書を提出することになります。

(2) 相続税の申告期限後に遺留分減殺請求により返還すべき財産等が確定した場合

　相続税の申告期限までに遺留分減殺請求に応じて返還すべき財産等が確定しなかったときは、その遺留分減殺請求がなされていないものとして相続税を計算し、相続税の申告書を提出することになります。すなわち、長男Ｃは取得したすべての財産について相続税の申告をすることとなります。私Ｄおよび二男Ｅは、遺留分減殺請求権を行使していますが、取得する財産等が確定していないため相続税の納税義務者に該当しません（相続税法１条の３）。したがって、私Ｄおよび二男Ｅは、申告期限までに相続税の申告書を提出する必要はありません。

　相続税の申告書の提出後に、協議がまとまり（調停や訴訟に移行した場合には調停成立や判決確定）、返還すべき財産等が確定した場合には、遺留分減殺請求によって財産が減少した長男Ｃは、返還すべき財産が確定した日から４か月以内に相続税の更正の請求を行うこととなります（相続税法32条１項３号）。遺留分権利者である私Ｄおよび二男Ｅが取得した財産については、遺留分減殺請求に応じて取得する財産等が確定したことによって、新たに申告書を提出すべき要件に該当することとなったため、期限後申告書を提出することになります（相続税法30条）。

　なお、この場合の期限後申告書の提出については、無申告加算税・延滞税等は課されません。

> **STEP UP**　【相続法改正の動向】遺留分制度に関する見直し
>
> 　❶（2）で述べた遺留分減殺請求の対象と❶（3）で述べた遺留分減殺請求権の法的性質について、改正が提案されています。すなわち、現行法では、相続人への生前贈与はいつ行われたものであっても原則特別受益にあたるとされていますが、相続開始前10年間にされた贈与のみを対象とする方向で議論が行われています。また、現行法では、遺贈・贈与された財産は、遺留分減殺請求により、遺留分権利者と遺留分侵害者の共有となりますが、遺留分権利者に直

ちに金銭債権が発生する案が検討されています。このような改正が行われれば、端的に金銭債権の額について争えば足りることとなり、共有関係の解消等を考慮に入れる必要はなくなります。

STEP UP　二男Eに成年後見人がいた場合の成年後見人の義務

仮に本事例で、二男Eが知的障害者であり、成年後見人Fが付されていたとしたら、二男Eの遺留分はどうなるのでしょうか。

成年後見人Fは、その義務のひとつとして、成年被後見人Eの財産を不当に減少させない義務を負います。そのため、被相続人父Aが作成した遺言が二男Eの遺留分を侵害している場合には、成年後見人Fは、原則として、長男Cに対して遺留分を請求する義務を負います。もっとも、二男Eに十分な財産がある場合や二男Eが遺留分減殺請求により受け取れる金額が多くないと見込まれる場合等、二男Eにメリットがない場合には、遺留分減殺請求を行わなくても構わないとされています。

5 遺留分減殺請求

Q33 財産をもらった相続人から見た遺留分

関連条文	民法1011条，同1029条，同1042条，家事事件手続法244条，同257条，相続税法27条，同30条，同31条，同32条

事例

先日亡くなった父Aの部屋を整理したところ，公正証書遺言が見つかりました。その中身を読むと，「現金500万円を長女Dと二男Eに，それ以外の全ての財産および負債を長男である私Cに相続させる，遺言執行者に私Cを指定する」という内容の遺言でした。父Aの財産は，現預金が1億円ほど，金融機関からの借入れが1,000万円ほどありますので，この遺言は，長女Dと二男Eの遺留分を侵害しているように思います。この場合，私はどうすればよいのでしょうか。

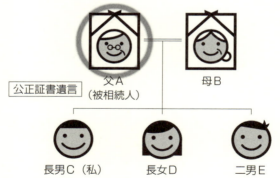

ポイント

① まず，私Cは遺言執行者として，公正証書遺言の内容どおりに，父Aの財産の名義変更を進めていくことになります。

② 長女Dらが私Cに対し遺留分減殺請求をしてきた場合には，長女Dらと話し合い，遺留分侵害額に相当する財産や金銭を渡す必要があります。
③ 相続税の申告期限までに遺留分減殺請求に関する紛争が解決しているか，していないかで私Cの相続税申告の内容が異なります。

解説

1 遺留分侵害額の計算方法

(1) 遺留分侵害額の計算方法

実際に遺留分を侵害しているかどうかが問題となった場合には，まず，遺留分権利者の遺留分を侵害しているかどうかを確認し，侵害しているのであればその遺留分侵害額を計算する必要があります。

遺留分侵害額，すなわち，遺留分を侵害されたと主張する相続人が遺留分を侵害した者に対して請求することができる金額の計算方法は，民法1029条1項とそれを補完する最高裁判例（最判平成8年11月26日等）において定められています。それによると，具体的な計算方法は以下のとおりです（図9）。

　ア　遺留分算定の基礎となる財産額
　　＝相続開始時の相続財産の総額（a）＋生前贈与した財産の総額（b）－相続債務総額（c）
　イ　各人の遺留分額
　　＝遺留分算定の基礎となる財産額（ア）×個別的遺留分率（d）－特別受益額（e）
　ウ　遺留分侵害額
　　＝各人の遺留分額（イ）－相続によって得た積極財産額（f）＋相続債務分担額（g）

(図9)

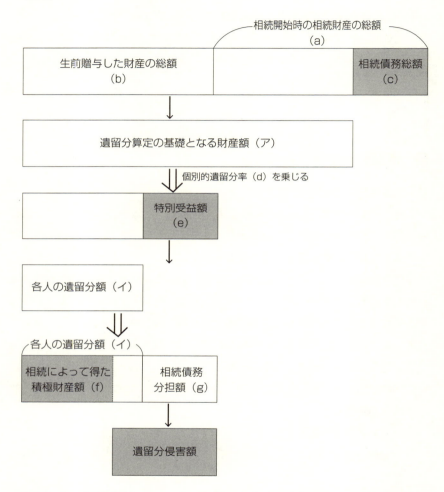

そのため,本事例において,父Aが遺した遺言が長女Dや二男Eの遺留分を侵害しているかどうかを判断するためには,父Aの相続開始時の相続財産の総額(a)／父Aが相続人全員に生前贈与した財産の総額(b)／父Aの相続開始時の債務の総額(c)／長女Dや二男Eの遺留分率(d)／長女Dや二男Eに対する特別受益(生前贈与)の額(e)／長女Dや二男Eが公正証書遺言により

取得した財産の額（f）／長女Dや二男Eが公正証書遺言により負担する債務の額（g）を把握する必要があります。特に特別受益（生前贈与）（b, e）を加味する必要がないのであれば，父Aの相続開始時の相続財産の総額（a）と，私C・長女D・二男Eがそれぞれ公正証書遺言により取得する財産の額（f）と相続開始時の債務の総額（c）が分かれば，遺留分侵害額を計算することができます。遺留分率（d）は，Q31で説明したとおり，法律で定められていますので，明らかです。

(2) 財産の評価方法

もっとも，各財産をどのように評価するかは民法では特に定められていません。遺留分侵害額が問題になるような場合であっても，Q20で説明した遺産分割の場合と同様に，財産の評価額は決まります。具体的には，当事者が合意できればその金額（相続税申告を行う場合，申告に用いられた相続税評価額を用いることが多いです）が各財産の評価額に，当事者が合意できなければ，最終的に鑑定評価により定まることになります。

(3) 遺留分侵害の有無

本事例では，Aの相続財産の総額が現預金1億円であるため，私Cが父Aの作成した公正証書遺言で取得できる財産額は9,000万円，長女Dおよび二男Eが取得できる財産額がそれぞれ現金500万円，金融機関の借入れが1,000万円です。生前贈与はなかったものとします。

これを上記アからウに基づいて長女Dの遺留分侵害額を計算すると，

　ア　遺留分算定の基礎となる財産
　　＝相続開始時の相続財産の総額（a）1億円＋生前贈与した財産の総額（b）0円－相続債務総額（c）1,000万円
　　＝9,000万円

　イ　長女Dの遺留分額
　　＝遺留分算定の基礎となる財産（ア）9,000万円×個別的遺留分率（d）1／6－特別受益額（e）0円
　　＝1,500万円

ウ 遺留分侵害額
　　＝長女Ｄの遺留分額（イ）1,500万円－長女Ｄが相続によって得た積極財産額（f）500万円＋相続債務分担額（g）0円
　　＝1,000万円

となり（二男Ｅについても同様の計算式となります），遺留分侵害額は1,000万円となります。すなわち，私Ｃは，長女Ｄおよび二男Ｅの遺留分を1,000万円分ずつ侵害していることになります。これは長女Ｄおよび二男Ｅの立場からすると，長女Ｄ，二男Ｅそれぞれが，1,000万円を私Ｃに支払ってもらうよう請求することができることを意味します。

2 遺留分を侵害する遺言が見つかった場合の対応

(1) 遺言の執行

　遺言執行者は，遺言どおりに財産の分配を行う義務があります。したがって，遺言執行者は遺留分を侵害している遺言であっても，その遺言を執行する義務があります。遺留分減殺請求がなされるかどうかは，実際に請求がされるまではわかりませんので，少なくとも，遺留分減殺請求がなされるまでは遺言のとおりに財産を分配して問題ありません。もっとも，遺言執行者は，相続人全員に対し財産目録を交付する義務がありますので（民法1011条），可能な限り速やかに財産目録を作成して交付する必要がありますし，相続人から請求された場合には，事務を報告する義務があります（民法1012条，645条）。

　本事例において，父Ａ作成の遺言は，長女Ｄと二男Ｅの遺留分を侵害しています。しかし，私Ｃは，父Ａ作成の遺言が長女Ｄ，二男Ｅの遺留分を侵害することがわかっていても，遺言執行者として，父Ａの相続財産（預貯金）の名義変更を進めることができます。もっとも，私Ｃは，長女Ｄおよび二男Ｅに対し，財産目録を作成・交付する義務がありますので，長女Ｄや二男Ｅに遺言の内容を秘密にしたまま名義変更手続を進めることはできません。

(2) 遺留分減殺請求がされた場合

　これに対して、遺留分を侵害されたと主張する者（以下「遺留分権利者」といいます）から、遺留分減殺請求がなされた場合には、遺留分を主張された者（以下「遺留分侵害者」といいます）は、遺留分侵害額や支払額について遺留分権利者と協議を行う必要があります。

　遺言執行者が、被相続人の財産目録を相続人に交付すると（または相続人に財産を交付すると）、自らが取得する財産額が他の相続人の取得する財産額と比較して少ないことに気づき、多く財産を取得する相続人に対して、遺留分の主張を行うことがあります。

　その場合、上記のように、遺留分侵害額を計算した上で、遺留分権利者と遺留分侵害者との間で、遺留分侵害額および支払額をいくらとするか協議を行うことになります。この協議により、支払額について合意がまとまればそれを合意書等の書面にまとめておき、遺留分侵害額として合意した金額を遺留分侵害者から遺留分請求者に対し支払います。それに対し、遺留分侵害者が支払を渋るなどして協議がまとまらない場合は、遺留分請求者は、遺留分侵害者に対して、遺留分減殺請求調停や遺留分減殺請求訴訟を提起し、裁判所で支払額につき決着をつけることになります。法律上は調停前置主義とされていますが（家事事件手続法244条、257条）、双方の主張の対立が激しい場合などには、当初から訴訟を提起してしまうケースもよく見られます。

　本事例では、父Aが遺した財産は現金と預金（と債務）のみですので、その財産額が明らかであり、遺留分侵害額について争いが生じる可能性は大きくありません。しかし、本事例と異なり、相続財産の中に不動産や未上場会社の株式、高額な骨董品等、一律に評価額が決まらず、かつ、価値の高い財産が存在する場合には、その評価額をめぐって争いとなることは珍しくありません。いずれにせよ、私Cと長女D・二男Eとの間で、遺留分について支払う金額を決める必要があります。

(3) 遺留分減殺請求がされない場合

　遺言執行者が財産目録を各相続人に交付しても、相続人が遺留分の請求をし

てくるとは限りません。民法上，遺留分減殺請求権は，相続の開始および遺留分減殺すべき贈与または遺贈があったことを知ってから1年間行使しないときは時効により消滅するとされていますので（民法1042条前段），財産目録を交付して1年を経過しても相続人が何も主張してこない場合には，今後請求される可能性は小さくなります（生前贈与を理由とした遺留分請求の可能性は残ります）。

仮に財産目録を交付して1年が経過してから相続人が遺留分の請求をしてきたり，訴訟を提起してきたりしたとしても，相続人の遺留分減殺請求権は時効により消滅したと主張することで，その請求を退けることができます。

また，相続人が遺留分減殺すべき贈与または遺贈があったことを知らなかったとしても，相続開始から10年が経過した場合には，遺留分減殺請求権は時効により消滅します（民法1042条後段）。ただし，事情によっては権利濫用として，時効の主張ができなくなる場合もあります。

3　遺留分減殺請求を受けた場合の相続税の取扱い

私Cが遺留分減殺請求を受けた場合，相続税申告の取扱いが異なる場合があります。すなわち，相続税の申告期限前に長女Dや二男Eとの間で協議がまとまり，遺留分減殺請求に応じて返還すべき財産等が確定したときは，その遺留分減殺請求の結果を織り込んで相続税を計算し，相続税の申告書を提出することになります。これに対し，相続税の申告期限までに遺留分減殺請求に応じて返還すべき財産等が確定しなかったときは，その遺留分減殺請求がなされていないものとして相続税を計算し，相続税の申告書を提出すれば足りることになります（Q32参照）。

一方，相続税の申告書の提出後に，協議がまとまり（調停や訴訟に移行した場合には調停成立や判決確定），返還すべき財産等が確定した場合には，遺留分減殺請求によって相続税が減少した私Cは，返還すべき財産が確定した日から4か月以内に相続税の更正の請求を行うこととなります（相続税法32条1

項3号)。

　遺留分減殺請求によって財産を取得した遺留分権利者長女D，二男Eについては，相続税が増加することとなるため，修正申告書を提出し納税をすることになります。

　なお，私Cは父Aの遺言が長女D・二男Eの遺留分を侵害しているとわかっていても，相続税の申告期限までに遺留分減殺請求がなされなかった場合には，その遺留分減殺請求がなされていないものとして相続税を計算し，相続税の申告書を提出することになります。

> **STEP UP　遺留分減殺請求権の時効**
>
> 　遺留分減殺請求権の時効は1年とされていますが，それは，「相続の開始および減殺すべき贈与または遺贈があったこと」を知った時から1年とされていることに注意が必要です（民法1042条前段）。遺留分減殺すべき贈与または遺贈（ここでいう「遺贈」には，「相続させる遺言」による財産の取得も含みます）があったことを知るためには，相続財産の総額，他の相続人が取得した財産の総額，自らが取得した財産の総額を知ることが少なくとも必要になります。遺留分侵害額が○○円であるという程度の詳細な金額を知ることは要求されてはいませんが，誰がどのような財産を取得したかも知らないのに，「減殺すべき贈与または遺贈があったことを知った」として1年の時効期間が進行することはありません。
>
> 　相続開始から数年が経過した後に，他の相続人が突如として遺留分の主張をしてきた場合，すでに時効が成立しているという反論がよくされますが，他の相続人（本件では長女D・二男E）が私Cから父Aの相続財産額等を全く知らされていなかった場合に，本当にその反論が成り立つかは，上記の観点から慎重な検討が必要です。

6 特殊な事情がある場合の相続手続

Q34 相続人が認知症の場合

| 関連条文 | 民法7条，同9条，同120条，同826条，同844条，同859条，同860条 |

事例

　私Cの叔母Fが先日亡くなりました。叔母Fは結婚しておらず，かつ，子どもがいませんでしたので，叔母Fの兄弟にあたる私Cの父Aと叔父Gが相続人になると聞きました。私Cの父Aは昨年認知症と診断され，すでに息子である私を認識することもできません。叔母Fの財産として，自宅の土地建物と預金があるそうです。この場合，どのように手続を進めたらよいのでしょうか。なお，叔母Fは遺言を残してはいませんでした。

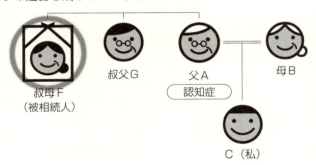

ポイント

① 相続人に重度の認知症の方がいる場合，その方は意思能力がないものと考えられ，遺産分割協議ができません。そのため，その方について成年後見制度を利用して遺産分割協議をすることが考えられます。

解説

1 成年後見制度

　成年後見制度とは，精神上の障害（認知症等）によって，判断能力がなくなってしまった人を対象として，生活を支援する制度です。

　まず，そのような人は，自己に著しく不利な取引をするなどして経済的に困難な立場に陥るおそれが大きく，特別の保護の必要が大きいことから，そのような人の行為は無効または取り消しうるものと扱われています。

　しかし，ある人について判断能力があるかどうかは，外観から確実に判断することは困難です。そのため，ある取引をした時点で判断能力がなかったということを後から証明することも困難であり，取引を無効または取り消すことによる保護ができない場合がでてきます。さらに，取引相手の立場からしますと，一度取引したものを遡って無効または取り消すとされてしまうと思わぬ不利益を被ることになりかねません。

　そこで成年後見制度を利用すると，後見開始の審判により成年後見登記がされ，その時点以降は制限行為能力者であることが明確に証明可能となります。取引相手も疑念を持った場合には，成年後見の登記がないことの証明書の提示を求めることができるようになります。

　そして，成年後見人は，成年被後見人に代わって取引を行うことができ，日常生活に関する行為を除き成年被後見人のした取引を取り消し，または追認することができるため，成年被後見人の保護が図られることとなります（民法9条，120条1項，859条1項）。

　本事例のように相続人に認知症の人がいる場合でも，その人を成年被後見人として成年後見人がつくことで，その成年後見人が認知症の人の代理人として遺産分割協議をすることができるようになります。

　しかし，成年後見制度は，成年被後見人のための制度であり，他の相続人等にとって利益になるよう取り計らう制度ではないので，成年後見人を含めた遺

産分割等が他の親族の思い通りにいくわけでないことも注意する必要があります。

2 成年後見の申立

(1) 申立権者
本人，配偶者，四親等内の親族に申立権が認められ，家庭裁判所に申立てを行うことができます（民法7条）。また，任意後見人や保佐人などがいる場合にはその者にも申立権が認められるほか，老人福祉法等の特別法により市町村長に申立権が認められる場合もあります。

(2) 申立資料
(ⅰ) 申立書
(ⅱ) 本人の戸籍謄本
(ⅲ) 本人の住民票または戸籍附票
(ⅳ) 成年後見人候補者の戸籍謄本
(ⅴ) 成年後見人候補者の住民票または戸籍附票
(ⅵ) 医師の診断書
(ⅶ) 本人について成年後見等に関する登記がされていないことの証明書
(ⅷ) 本人の財産に関する資料（通帳，不動産の登記事項証明書など）
(ⅸ) その他家庭裁判所が必要と判断した書類（家族関係図，財産目録，事情説明書など）

※ (ⅰ) 及び (ⅸ) の雛形は家庭裁判所のホームページからダウンロードするなどして入手できます。

(3) 成年後見人の人選
成年後見人の人選は，家庭裁判所に一任されます。

申立時に成年後見人候補者とした親族が選任されることも少なくありませんが，財産が多額（3,000万円程度が目安）であるなど特に監督が必要なケースでは，弁護士や司法書士などの専門家が成年後見人または成年後見監督人とな

ることがあります。また，後見制度支援信託（後記**3**（4）参照）の利用を求められることもあります。

　本件のように，遺産分割協議の当事者となる相続人に成年後見人が必要な場合，誰を成年後見人とするか慎重な検討が必要です。なぜなら成年後見人は，一度選任されると，本人が死亡するか，判断能力を取り戻すかするまで職務を継続しなければならず，家庭裁判所の許可を得ない限り辞任することはできないためです（民法844条）。目的としていた遺産分割を完了したとしても成年後見が終了するわけではないので注意が必要です。

　また，遺産分割協議の他の当事者はもちろん，他の当事者の配偶者や子が成年後見人となった場合は，本人を代理して遺産分割協議を行うことは利益相反行為となるため認められません。そのため，家庭裁判所に申し立てて，成年後見監督人の監督を受けるか，特別代理人を選任する必要があります（民法860条，826条）。一方で，弁護士等の第三者や，本人の叔父や叔母（父Aにとっての叔父や叔母なので叔父Gではありません）など遺産分割協議において本人と利益相反関係にない親族を成年後見人とした場合は，特別代理人等は不要となります。例えば，本事例で，父Aの子にあたる私Cが成年後見人になる場合は，特別代理人は不要です。

　これらの点を踏まえて，裁判所に対して成年後見人候補として誰を推薦するか，また，成年後見人への就任を承諾するか検討する必要があります。

3 成年後見人となった場合の職務

(1) 選任直後

　収支状況報告書および財産目録を作成し，家庭裁判所に提出する必要があります。提出期限は1か月程度の期間で指定されます。これら報告書等の雛形は，家庭裁判所のホームページからダウンロードするなどして入手できます。

　ア　収支状況報告書（収支予定表）

　　収入状況の調査は，本人の通帳や証券会社からの報告書のほか，過去の確

定申告書を調べるなどして行います。具体的には，年金，不動産賃料，株式配当や印税収入などが考えられます。本人に顧問税理士がいれば聞き取りを行うのがよいでしょう。

　支出状況の調査は，主に本人の通帳や領収書から把握することになりますが，施設入居費用，家賃，水道光熱費，医療費，税金や社会保険料等が考えられます。

イ　財産目録

　財産状況は主に，預貯金，有価証券，土地建物，保険，債権（貸付金など），負債（住宅ローンなど）の情報が必要になります。本人が，その親などから相続して遺産分割されていない遺産があるときは，その情報も必要とされます。そのほか，貴金属，骨董品や著作権などの財産がある場合は，それらの情報も記載します。

　それぞれの主な情報源は次のとおりです。

　預　貯　金：通帳

　有価証券：証券会社からの運用報告書，配当金明細書，株券

　土地建物：法務局で取得する登記事項証明書，固定資産税納税通知書，売買契約書

　保　　険：保険通知書，契約書

　債　　権：金銭消費貸借契約書など契約書

　負　　債：金銭消費貸借契約書など契約書（特に住宅ローン）

(2)　成年後見継続中

　成年後見人は，本人の意思と身上監護に配慮して，必要に応じて介護契約を締結するなどし，包括代理権と取消権を行使して収入と支出を処理し，通帳等を管理して収支記録をつける必要があります。そして，これらの結果と財産状況の変化を定期的（1年ごとが多いようです）に家庭裁判所に報告することになります。なお，成年後見人の職務は法律行為に関する支援ですので，食事や入浴などの介護は職務に含まれません。

　成年後見人は，善良な管理者としての注意義務を負い，もっぱら本人の利益

のために行動しなければなりません。そのため，本人の財産について親族等へ贈与することや投機的運用をすることは原則として認められません。また，本人の居住用不動産を売却するなど本人に重大な影響のある行為をするには，家庭裁判所から事前の許可を受ける必要があります（民法859条の3）。これらに反した不適切な財産管理を行った場合，成年後見人は民事上の損害賠償責任など，法的責任を追及される可能性があります。

　また，成年後見人は，家庭裁判所に申立てを行うことで，家庭裁判所の許可を受けた範囲で，本人の財産の中から報酬を受けることができます（民法862条）。

(3)　成年後見終了時

　本人が死亡したときは，本人に身寄りがない場合は，家庭裁判所の許可を得たうえ，親族等に連絡し，必要に応じて遺体の引き取り，死亡届，葬儀，借家の明け渡しなども成年後見人が行うこともあります。また，家庭裁判所に報告書を提出するほか，本人の相続人や遺言執行者に遺産の引渡しを行います。

　本人が判断能力を回復したことによって成年後見を終了するときは，家庭裁判所に報告書を提出し，管理していた財産を本人に引き渡します。

(4)　その他

　前述した成年後見監督人とは，職務が適正に行われているかどうか成年後見人を監督するため家庭裁判所に選任された者です。成年後見監督人は，本人の財産状況や生活状況を確認するほか，必要に応じて成年後見人に代わって財産管理等を行い，場合によっては家庭裁判所に成年後見人の解任を請求することもあります。

　同じく前述した後見制度支援信託とは，被後見人の財産に多額の預金（3,000万円程度が目安）が含まれるときにその財産を特定の金融機関に信託し，必要な金額だけを金融機関から後見人が管理する預金口座等に振り込むようにする制度です。

　いずれも後見人による横領等の不正を防止する役割があります。

6 特殊な事情がある場合の相続手続

Q35 相続人が行方不明の場合

| 関連条文 | 民法25〜29条，同30条〜32条，家事事件手続法148条，戸籍法89条，相続税法55条，同19条の2，租税特別措置法69条の4 |

事例

　私の夫Aは，時価10億円の土地建物だけを，自己の財産として所有していたところ，20××年1月15日に病気で亡くなりました。夫Aの法定相続人は，妻である私Bと長男Cだけなのですが，長男Cは10年前に行方不明になってから，全く連絡が取れない状況です。夫Aの相続について，私Bの相続税申告期限は20××年11月15日ですが，5月15日現在，夫A名義の自宅土地建物を相続するには，どのような手続をとるべきでしょうか。

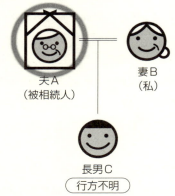

ポイント

① 相続人に行方不明者がいるという場合，まずは捜索することが重要です。捜索の手を尽くしてなお発見できないときは，不在者財産管理人制度や失踪

宣告制度の利用が考えられます。
② 相続税の申告期限までに共同相続人が不在者財産管理人制度や失踪宣告制度の利用をしない場合には遺産分割協議を成立させることができないため，遺産分割が決まっていない状況で相続税の申告を行うことになります（未分割申告）。

解説

❶ 行方不明者がいる場合の相続

遺産分割協議は，相続人全員の合意が必要になるため，相続人の中に行方不明者がいる場合，遺産分割協議を成立させることができません。そのため，法定相続分で遺産共有状態が続くことになります。

この場合の対応手順は，まず行方不明者を捜索し，それでも発見できない場合には，家庭裁判所に不在者財産管理人選任の申立（民法25条1項）や，失踪宣告の申立（民法30条）をすることとなります。

法的手続の観点からは，失踪宣告の要件を満たす場合には失踪宣告の申立を行い，失踪宣告の要件を満たさない場合には不在者財産管理人選任の申立を行うのがよいと考えられます。なぜなら不在者財産管理人を選任しても，行方不明者が現れない限り，最終的には行方不明者についても失踪宣告を行って相続手続をとる必要があることとなるため，相続手続を二度行うより一度で終わらせるほうが負担が少ないからです。しかし，心情的な観点から，行方不明者を死亡したと扱うことが受け入れられないといった場合や，失踪宣告の公告期間を待てないような特に急ぐ事情がある場合には，あえて不在者財産管理人選任の申立を行うことも差し支えありません。

2　行方不明者の捜索

　ひとことに「行方不明」といっても，その状況は一通りではありません。長期間音信がなく連絡先がわからないというだけのこともあれば，災害に巻き込まれてから消息が知れないということもあります。

　連絡先がわからないというのみであれば，弁護士等に依頼し役所から行方不明者の住民票を取寄せて順次移転先をたどっていくことによって，現在の居場所にたどり着くこともあります。その過程で近隣住民に聞き込みをすることも考えられます。また，かつての交友関係や勤務先がわかれば，そちらに聞き取りを行うことが有効な場合もありえます。

　災害に巻き込まれて消息がわからないという場合は，聞き取りなどから情報を得られる見込みは乏しいため，速やかに後述の不在者財産管理人制度や失踪宣告制度を利用することになるでしょう。

3　不在者財産管理人

(1)　不在者財産管理人制度とは

　不在者財産管理人制度とは，従来の住所等を去った者の財産管理等のために，親族等の申立により家庭裁判所が不在者財産管理人を選任して，その不在者財産管理人が財産の維持管理を行う制度です（民法25条から29条）。

　不在者財産管理人は，不在者の財産目録や管理報告書を作成して家庭裁判所に提出する職務を行い，原則として財産の保存に関する行為しかできません。もっとも，家庭裁判所の許可を得れば，遺産分割協議を含め，財産処分等も行うことができます。不在者財産管理人に対しては，家庭裁判所の決定によって報酬が支払われることがあります。

　不在者財産管理人は，不在者が不在となった経緯や財産状況等について，家庭裁判所が親族等に聞き取りをして選任します。そのため，予め特定の者を不在者財産管理人として指定できるわけではないですが，親族等が不在者財産管

理人となることもできます。ただし，家庭裁判所は不在者との利害関係も考慮するため，第三者として弁護士等の専門職が不在者財産管理人として選任されることもあります。

すなわち，不在者財産管理人制度は，不在者のための制度であり，他の相続人等にとって利益になるよう取り計らう制度ではないので，不在者財産管理人を含めた遺産分割等が申立人の思い通りにいくわけでないことも注意する必要があります。

(2) 不在者の意義

不在者とは，行方不明で生死不明である者のほか，生存が明らかであっても長期の海外滞在などで従来の住所等に容易に帰る見込みのない者も含みます。

(3) 不在者財産管理人の職務

不在者財産管理人は，不在者の財産について財産目録を作成する義務があるほか，権利の登記や時効中断など財産保全に必要な保存行為と，不動産の賃貸や現金の銀行預金への預入れなどの利用改良行為をすることができます（民法28条）。ただし，遺産分割協議はもちろん不動産の売却など保存行為や利用改良行為を越える行為には家庭裁判所の許可が必要です。

不在者財産管理人に選任された者は，財産管理が不要となるまで財産管理を継続しなければなりません。すなわち，不在者が帰還した場合，財産管理人を置いた場合，不在者の死亡が判明した場合や，不在者に失踪宣告があった場合には家庭裁判所に申し立てることにより不在者財産管理人は任務を終了します。逆に言えば，遺産分割のために親族等が不在者財産管理人となった場合も，それらの事由があるまで財産管理を継続しなければならないことになります。

(4) 申立権者

不在者財産管理人選任の申立権者は，不在者の財産に法律上の利害関係を有する者であり，推定相続人，配偶者，不在者の債権者，保証人などです。このほか制度上は検察官にも申立権があります。

(5) 申立資料

家庭裁判所への申立には，その者が不在者であることの疎明資料を提出する

必要があります。その資料に限定はありませんが，捜索願受理証明など警察に捜索願を出した際の書類や，不在者宛の返戻郵便物などを提出することが考えられます。

このほか不在者の戸籍謄本および戸籍附票，不在者財産管理人候補者の住民票，不在者の通帳等の財産内容に関する資料が必要になります。

(6) 手続の所要期間

不在者財産管理人の選任には，家庭裁判所で親族等に事情の聞き取りを行い，また関係官庁に調査嘱託を行うなどする関係上，事案の複雑さによって所要期間が変動します。

目安としては不在者財産管理人の選任までで3か月程度です。もちろん，その後に不在者財産管理人が，財産目録等を作成する必要がありますし，この所要期間は財産の種類や量によって変動します。そのうえで，遺産分割協議をするには家庭裁判所の許可も必要になります。全体で半年程度をみておいた方がよいでしょう。

(7) 本事例で不在者財産管理人制度を利用する場合

本事例で不在者財産管理人を選任して家庭裁判所の許可を得たうえ，遺産分割協議をすることも可能です。しかし，土地建物のほかに遺産がないとするとそれを私Bの単独相続とすることに不在者財産管理人が同意するとは考えにくく，私Bと長男Cが法定相続分で土地建物の持分を分割取得するか，私Bが買い取るか（代償分割），土地建物の任意売却または競売による売却金を分割する（換価分割）ということになると考えられます。

そもそも以下で説明するように，本事例では失踪宣告がされた場合に，死亡したとみなされる時点が，夫Aの死亡時より前になるため，遺産分割協議を行っても，失踪宣告により長男Cは夫Aの相続人ではなかったこととなり，その遺産分割協議は無効となってしまいます（参考：国税不服審判所平成18年12月11日裁決）。そのため，失踪宣告の可能性がない場合（長男Cが夫Aの相続開始後に行方不明となった場合など）を除き，不在者財産管理人を選任するのは得策ではありません。

4　失踪宣告

(1)　失踪宣告制度とは

　失踪宣告制度とは，ある人物が長期に渡り生死不明である場合や，既に死亡したことが強く推認される場合に，その人物に関する財産関係や身分関係が不当に長期にわたり固定化されてしまうことを避けるため，その人物が死亡したものとして相続関係や婚姻関係などの法律関係を形成する制度です（民法30条から32条）。

　そして失踪宣告制度には，普通失踪と危難失踪の二種類があります。

(2)　普通失踪

　通常失踪の要件は，不在者の生死が明らかでないまま7年以上経過していることです（民法30条1項）。不在者について，何の消息もなく，一切の連絡がとれないために，生存しているとも死亡しているとも証明できないときに生死が明らかでないということになります。

　家庭裁判所により普通失踪が宣告されると，生存が明らかであった最後の時点から7年経過した時点において死亡したものと扱われます（民法31条）。

(3)　危難失踪

　危難失踪の要件は，戦争や船舶の沈没その他大規模天災など死亡の蓋然性の高い危難に巻き込まれた者について，当該危難が終了した時点からその者の生死が明らかでないまま1年以上経過していることです（民法30条2項）。生死が明らかでないということの意義は普通失踪と同様です。

　家庭裁判所により危難失踪が宣告されると，危難が終了した時点において死亡したものと扱われます（民法31条）。

(4)　申立権者

　失踪宣告の申立権者は，失踪宣告に法律上の利害関係を有する者であり，推定相続人，配偶者，財産管理人，遺贈を受けることになっている者などです。なお，検察官は申立権者ではありません。

(5) 申立資料

家庭裁判所への申立に，その者の生死が明らかでないことの疎明資料を提出する必要があることは不在者財産管理人選任の申立と同様です。

このほか不在者の戸籍謄本および戸籍附票や，申立人の戸籍謄本など利害関係を証明する資料などが必要になります。

(6) 手続の所要期間

失踪宣告も，家庭裁判所の手続のため所要期間が変動する点は不在者財産管理人選任の場合と同様です。

また，失踪宣告では公示催告手続を経る必要もあり，この公示催告期間として通常失踪では3か月以上，危難失踪でも1か月以上の期間が指定されます（家事事件手続法148条3項）。参考程度ですが，全体で1年以上をみておいた方がよいでしょう。

(7) 本事例で失踪宣告制度を利用する場合

本事例では，普通失踪を前提としても，長男Cは行方不明になって7年後に死亡したとみなされるため，夫Aについて相続が開始するより前に死亡していたことになります。

そのため，長男Cに子（養子を含む）がいない場合は，長男Cが死亡したとみなされる時点で，（長男Cに配偶者がいなければ）長男Cの遺産の全部について，夫Aと私Bが長男Cの遺産について相続していたことになります。

その結果，夫Aについての相続では，長男Cの遺産のうち夫Aの相続分を上乗せしたうえで，夫Aの遺産は私Bが単独相続したこととなり，遺産分割協議は不要となります。

(8) その他

危難失踪制度と類似の制度として，認定死亡制度（戸籍法89条）がありますが，これは行政庁によって行われる手続であるため，申立等により利用できる制度ではありません。認定死亡制度は，東日本大震災で特例措置のうえ適用されたことがあります。

5 税務上の取扱い

　共同相続人の中に行方不明者がいる場合において，相続税の申告期限までに遺産分割協議が行えないときには，共同相続人は民法900条から903条までに規定する相続分に応じて財産を取得し，または債務を負担したものとして相続税の課税価格を計算し，申告期限までに申告および納税を行うことになります（未分割申告，Q2参照）。

　なお，本事例で未分割申告となってしまった場合，自宅の土地に関して小規模宅地等の評価減の適用及び配偶者の税額軽減の規定の適用が受けられないため，これらの特例が使えた場合と比べて納税が多くなってしまいます。本事例では相続税の申告期限まで6か月の期間しかないため，いずれの手続をとるとしても早急に対応が必要です。

6 特殊な事情がある場合の相続手続

Q36 相続人が未成年の場合

| 関連条文 | 民法824条，同826条 |

事例

夫Aが先日亡くなりました。相続人は妻の私B，23歳の長男C，19歳の長女D，15歳の二男Eの4名です。夫が遺した遺産には自宅の不動産と預金がありますが，先日銀行に行ったところ，家庭裁判所の手続が必要といわれました。どのような手続をすればよいのでしょうか。

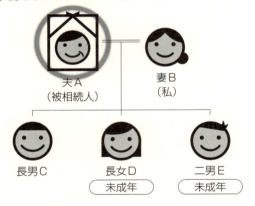

ポイント

① 相続人が未成年者の場合，特別代理人を家庭裁判所から選任してもらい，特別代理人が遺産分割協議をすることになります。
② 本事例では，私Bが，遺産分割協議書案を添付して，未成年の子である長女D，二男Eについてそれぞれ特別代理人の選任を申し立てます。特別代理

人が選任されれば，D・Eの特別代理人と私B・長男Cが押印した遺産分割協議書の内容に基づいて銀行や不動産の名義変更等の手続を進めることできるようになります。

解説

❶ 利益相反行為とは

　民法では，父または母のような親権者が，20歳未満の未成年の子の財産を管理し，その財産に関し契約などの法律行為について包括的に代理するのが原則となっています（民法824条）。ですので，親権者の片方が亡くなった際の，遺産分割協議のときにも，親権者が未成年の子を代理することになりそうです。

　しかし，「親権を行う父又は母とその子との利益が相反する行為については，親権を行う者は，その子のために特別代理人を選任することを家庭裁判所に請求しなければならない」（民法826条1項）とされており，子の利益を守る趣旨から，親権者とその子の利益が相反する場合には，特別代理人がその子の代理人として取引等の行為をする旨が定められています。ここで，利益相反行為とは，客観的に，子と親との間で利害の対立が生じる行為をいいます。遺産分割協議は，各相続人が被相続人の遺産を相続するにあたり，お互いに利益が相反する関係にあるので，親が子を代理して遺産分割協議をすることは，利益相反行為にあたります。

　したがって，未成年の子とその親権者で行う遺産分割協議は，その親権者が，未成年の子を代理して行うことができません。

❷ 特別代理人選任の申立

　特別代理人とは，利益相反がある場合などに家庭裁判所によって選任される代理人をいいます。特別代理人の選任の具体的な手続は，遺された親権者など

が，未成年の子の住所地を管轄とする家庭裁判所に対して，親族等を候補者として特別代理人の選任を求める旨の申立をすることになります。そして，家庭裁判所は，遺産分割協議書案の内容どおりの遺産分割協議をする権限を与え，特別代理人を選任します。

この特別代理人について特段の資格要件は定められていないので，申立親権者等に有利な特別代理人が選任されて子の利益が害される可能性があるとも思えます。しかし，家庭裁判所は，添付されている遺産分割協議書案の内容が子に不利益になっていないかを考慮し，候補者として挙げられた者を特別代理人として選任するため，実務上，子の利益が害されないような配慮がなされています。

具体的な選任については，事案の内容によりますが，子が法定相続分を取得できる内容の遺産分割協議書案が添付されていれば，実務上，家庭裁判所は，ほぼ特別代理人の選任をします。また，子の相続分が０であっても親が子を養う状況であれば，子の利益が害されないとして，特別代理人の選任が認められる場合もあります。

3 その他留意点

遺産分割協議書には，相続人全員が署名押印をしますが，特別代理人がいる場合には，未成年の子に代わって特別代理人が署名押印をすることに注意が必要です。登記実務においては，特別代理人の署名押印のない遺産分割協議書を用いた相続登記申請は，受理されないこととなっているためです。また，この遺産分割協議書の内容が，特別代理人選任時に提出した遺産分割協議書案と異なる内容の場合には，不動産について登記ができなくなることもあり，子の利益が図られています。

また，相続税の申告は，被相続人が亡くなってから10か月以内に行うという期限が定められていて（相続税法27条1項），相続税申告の際には遺産分割協議書を提出しないと様々な相続税額の軽減の措置を受けられない場合があり

ます。特別代理人選任を申し立てる場合には，選任まで一定程度時間を要するため（申立てに書類不備等がなければ1か月以内に選任されることもあります），10か月以内に遺産分割協議書を作成できない可能性があります。そのため，相続人に未成年者がいる場合には，特別代理人選任の手続を含め，迅速に遺産分割協議書の作成等の手続をする必要があります。

6 特殊な事情がある場合の相続手続

Q37 相続人が不存在の場合

| 関連条文 | 民法 255 条，同 951 条，同 952 条，同 957 条，同 958 条，同 958 条の 3，相続税法 4 条，同 29 条 |

事例

私Cの従兄弟Fは，結婚もせず，子どももいないまま先日亡くなってしまいました。Fの両親や兄弟も既に皆亡くなっています。Fの面倒は私が見るほかなく，5年間にわたって，財産管理や療養看護を行ってきました。Fは資産家であったのですが，私が財産をもらえることはないのでしょうか。

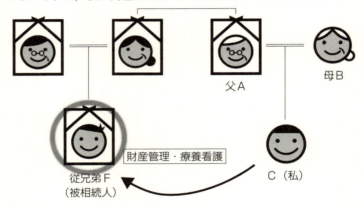

ポイント

① 被相続人に法定相続人がいない場合には，被相続人と生計が同じまたは被相続人の療養看護に努めた人などの被相続人に対する貢献があった人（「特別縁故者」と呼ばれています）は，家庭裁判所に申し立てることにより，相続財産の分与を受けることができる場合があります。

② 本事例では、5年間という長期間の療養看護があり、私Cが特別縁故者として財産の分与を受けられる可能性がありますが、相続財産の全ての分与を受けられるかは判断が分かれる可能性があります。
③ 私Cが特別縁故者として財産分与を受けた場合、相続税の納税義務が生じます。

解説

❶ 相続人が不存在の場合の手続の流れ

　民法では、相続人のあることが明らかでないとき、家庭裁判所は、被相続人の身の回りを世話していた人などの利害関係がある人の請求によって相続財産管理人（被相続人の有していた相続財産を管理する人をいいます）を選任します（民法951条、952条1項）。そして、相続財産管理人は、相続財産の管理および清算を行い、その後も相続人が現れなければ、家庭裁判所によりその全部または一部を特別縁故者に分与する審判がなされるか、そのような審判がない場合には残余の相続財産を国庫に引き継ぐことになります（民法958条の3、959条）。

　特別縁故者が相続財産の分与を申し立てるには相続が発生した後に最低でも10か月の期間が必要です。具体的には、家庭裁判所が、相続財産管理人を選任したことについての公告を2か月間行い（民法952条）、その後、相続財産管理人が債権申出の公告を2か月間行い（民法957条1項）、さらに、その後に家庭裁判所が、相続人捜索の公告を6か月間行います（民法958条）。このような手続を経て、相続人の不存在が確定し、特別縁故者が財産分与を申し立てることが可能となります。

2 特別縁故者

民法958条の3第1項によれば,（ⅰ）被相続人と生計を同じくしていた者,（ⅱ）被相続人の療養看護に努めた者,（ⅲ）その他被相続人と特別の縁故があった者が相続財産の分与を受けることができるとされています。そして,（ⅲ）にいう特別縁故者とは,裁判例によれば,（ⅰ）（ⅱ）の類型「に準ずる程度に被相続人との間に具体的かつ現実的な精神的・物質的に密接な交渉のあった者で,相続財産をその者に分与することが被相続人の意思に合致するであろうとみられる程度に特別の関係にあった者」とされています。

具体的には,内縁の配偶者,事実上の養子（配偶者の連れ子などが考えられます）,亡長男の妻,未認知の非嫡出子,親族関係のない生計同一者などの人々について特別縁故者と認めた裁判例があります。また,家政婦や雇人等について特別縁故者と認めた裁判例があります。さらに,被相続人が生前に寄附等を希望していた地方公共団体や法人にいたるまで幅広く特別縁故者と認めた裁判例もあります。他方で,裁判例の中には,同居していてもそれが不倫等の公序良俗に反する場合などには,特別縁故者の該当性を否定し,また,療養看護が周辺的なものに過ぎなかったとして,特別縁故者の該当性を否定したものもあります。

特別縁故者にあたるとされた場合に,財産の分与がどの程度認められるかについては,個別の事情により大きく異なるところです。

実際の手続については,特別縁故者に該当する人が被相続人の最後の住所地を管轄する家庭裁判所に対して,申立てをすることになります。そして,家庭裁判所の判断に不服がある場合には,即時抗告という不服申立てをすることができます。

3 国庫帰属の手続

特別縁故者に財産が分与されなかった場合には,残った相続財産は,相続財

産管理人が国庫に対して引き継ぐことになります。具体的には，相続財産管理人が管轄の財務局に財産を引き渡すことになります。

　また，不動産等を共有している場合に共有者の1人が死亡し，その死亡した共有者の相続人の不存在が確定した場合に，その共有持分は，民法958条の3によって特別縁故者に帰属するか，民法255条によって他の共有者に帰属するかという問題があります。すなわち，民法255条は，相続人不存在の場合には，死亡した共有者の持分が残された共有者に帰属する旨規定しており，民法958条の3は，相続人不存在の場合に，死亡した共有者の持分が特別縁故者に分与される旨規定しており，残された共有者と特別縁故者のいずれが死亡した共有者の持分を取得するかについて法文上明らかでありません。この問題について，判例は被相続人の合理的意思を推測し遺贈制度を補充するという民法958条の3の制度趣旨を優先させ，特別縁故者が共有持分について財産分与を受けると判断したものがあります（最判平成元年11月24日）。

4　特別縁故者が財産分与を受けた場合の税務上の取扱い

　特別縁故者として財産分与を受けた場合，財産分与を受けた者（私C）は被相続人（従兄弟F）から遺贈により財産を取得したものとみなされ，相続税の納税義務が生じます（相続税法4条）。

　なお，財産分与を受けた財産は，相続開始時における時価（相続税評価額）ではなく財産分与時の時価（相続税評価額）で取得したものとみなされます（相続税法4条）。

　また，財産分与が行われた場合の相続税の申告期限は，自己（私C）のために財産分与があったことを知った日の翌日から10か月以内となります（相続税法29条）。

　この場合，相続税の計算に当たり適用される規定（基礎控除額，税率等）は，被相続人（従兄弟F）の死亡した時の相続税法の規定が適用されることになります。

第4章
国際相続

Q38 国外の家族への贈与を行う場合

関連条文	民法549条，同550条，法の適用に関する通則法7条，8条

事例

私Aは，日本国籍で日本に住んでいますが，私の長女Dはアメリカ国籍を取得し，現在W州に住んでいます。今後の長女Dの生活のことを考えて，私Aから長女Dに対し1,000万円を贈与しようと考えています。この場合，贈与税は日本で支払えばよいのでしょうか。

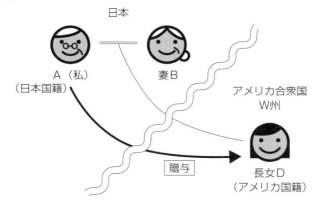

ポイント

① 贈与者である私Aが日本居住者ですので，長女Dは贈与により取得した1,000万円について日本の贈与税の申告および納付をしなければなりません。その場合，長女Dは日本で納税管理人を定める必要があります。
② 場合によっては，米国で贈与税が課されたり，長女Dに米国で報告義務が

第4章 国際相続

課されることがあります。

解説

1 準拠法の決定

　贈与にあたり，贈与者と受贈者で贈与契約（民法549条）を結ぶ必要があります。ここで，日本に住む日本人とW州等の米国に住む米国人との間における贈与に当たっては，日本法とW州法のいずれの法律が適用されるかという準拠法の決定が問題となります。

　まず，「法律行為の成立及び効力は，当事者が当該法律行為の当時に選択した地の法による」（法の適用に関する通則法7条）とされており，契約については，取引の安全を守り，当事者の意思を尊重すべきことから（当事者自治の原則），当事者の合意により準拠法が決定されます。

　次に，法の適用に関する通則法8条1項によれば，「前条の規定による選択がないときは，法律行為の成立及び効力は，当該法律行為の当時において当該法律行為に最も密接な関係がある地の法による」とされており，契約の準拠法の合意がない場合には最密接関係地の法律が準拠法となるとされています。しかし，当事者が日本に居住している者および海外に居住している者の場合には，いずれの準拠法が契約において，最密接関係地法といえるかが不明確であり，紛争の原因となるものです。

　したがって，あえて準拠法を決定しないで紛争の原因を作るよりも，贈与契約を締結するに際しても，適用される準拠法を合意によって明確に決定すべきものといえます。

2 契約書作成の必要性

　日本の民法では，一般的に，契約については，口頭で成立するものが多く，

贈与契約についても，契約書がなくてもその契約が有効に成立します（民法549条）。

しかし，契約書を作成しなければ，当事者の間で食い違いなどがあった場合に問題が発生することもあります。税務署との関係でも，その日にいくらの贈与をしたかを示す有力な証拠となります。

また，国外にいる者との契約の場合には，契約書において準拠法を定めて，適用される準拠法を明確化する必要もあります。海外の法律の中には贈与契約成立のために文書の作成が要求されるものもあり，日本の民法が準拠法とならなければ，口頭でなされた贈与契約が成立しないこともあります。

さらに，書面によらない贈与は撤回することができるので（民法550条），契約書を作成しておくことで確実に贈与を実行することができます。

したがって，有効に贈与契約を成立させ，無用な問題を発生させないためにも，贈与契約書を作成する必要があるといえます。

3 贈与税の取扱い

(1) 日本の贈与税

贈与をした者が日本居住者である場合は，贈与により財産を取得した者の国籍や贈与財産の所在地にかかわらず，贈与により財産を取得した者に対し，その者が贈与により取得した全ての財産について日本の贈与税が課されます。

したがって，本事例では，贈与者である私Aが日本居住者ですので，受贈者である長女Dの国籍や贈与財産の所在地にかかわらず，長女Dは贈与により取得した1,000万円について日本の贈与税の申告および納付をしなければなりません。なお，長女Dは日本の非居住者ですから，長女Dは日本に住所または居所を有する者のなかから納税管理人を定めなければなりません。そして，長女Dによって選任された納税管理人が，長女Dが贈与により財産を取得した年の翌年の2月1日から3月15日までに，日本の贈与税の申告および納付をすることとなります。

(2) 米国の贈与税

米国の贈与税（連邦税）は，日本と違って贈与者が納税義務者となります。また，贈与者が米国非居住外国人である場合，米国に所在しない財産は課税対象外となります。

したがって，本事例では，贈与者である私Aは日本に住んでいる日本人であり，贈与財産は日本所在財産ですから，米国の贈与税（連邦税）は課されません。

なお，W州に州税としての贈与税の制度がある場合は，前述の贈与税（連邦税）のほか，州税としての贈与税が課される場合があります。

(3) 米国での報告義務

米国市民および米国居住者は，米国非居住外国人から$100,000を超える財産を相続または贈与により取得した場合は，その旨をIRSに報告しなければなりません（Form 3520）。

したがって，長女Dは，贈与により取得した財産の額がドル換算した結果$100,000を超えるようであれば，米国の所得税の申告時にForm 3520をあわせて提出する必要があります。

> **STEP UP** 5年から10年へ
>
> これまでは，受贈者が日本国籍を有していない場合，贈与者と受贈者のいずれもが贈与時に日本に住んでいないときは，贈与により取得した財産が日本の国外財産であれば，日本の贈与税は課されませんでした。また，受贈者が日本国籍を有する場合であっても，贈与者と受贈者のいずれもが贈与時および贈与前5年超の期間ずっと日本に住んでいなければ，日本の贈与税の課税対象は国内財産のみであり，国外財産を贈与により取得しても日本の贈与税は課されませんでした。
>
> しかし，財産を海外へ移し，かつ，親子ともに海外へ移住して，5年超経過した時点で海外財産を親から子へ贈与して日本の贈与税の課税を免れるという租税回避行為が懸念されるようになったため，平成29年度税制改正により課

税が強化されました（＊）。

　すなわち，改正後は，受贈者が日本国籍を有しておらず，かつ，贈与時に日本に住んでいない場合であっても，贈与者が贈与時または贈与前10年以内のいずれかの時点において日本に住んでいたことがある（一時居住を除く）ときは，贈与により取得した財産が日本の国外財産である場合についても日本の贈与税の課税対象とすることとなりました。また，受贈者が日本国籍を有する場合は，国外財産が日本の贈与税の課税対象外となるための条件である「贈与者と受贈者のいずれもが日本に住んでいない期間」が5年超から10年超へ改正され，贈与者か受贈者のいずれかが贈与時または贈与前10年以内のいずれかの時点で日本に住んでいたことがある（一時居住を除く）ときは，贈与により取得した財産が日本の国外財産である場合についても日本の贈与税の課税対象とすることとなりました。

（＊）平成29年4月1日以後に贈与により取得する財産について適用されます。
　　（贈与者が平成29年4月1日から引き続き日本に住んでおらず，かつ，日本国籍を有しない場合には，一定の経過措置があります。）

Q39 海外財産がある場合

関連条文 | 法の適用に関する通則法36条

事例

　父Aが先日亡くなりましたが，父Aは日本だけでなく，アメリカのW州にも不動産と預金を持っていました。父Aの長男であり，唯一の相続人である私Cは，父Aの相続手続をどのように行えばよいのでしょうか。なお，父Aは日本人で，仕事の関係上長期にわたりアメリカに滞在しておりましたが，定年退職後は20年以上日本に住んでいました。また父Aはグリーンカードを持っていません。私Cは日本人で，長年日本に居住しています。

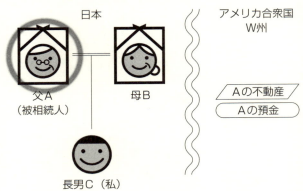

ポイント

① 　相続の準拠法が日本法の場合であっても，実務上，国外財産は，名義変更等が容易にできることから，現地の法律に従って手続が行われることが多い

です。そのため、私CはW州法に則り、不動産および預金について、相続手続を行うことになります。
② 具体的には、まずジョイントテナンシー（Joint Tenancy）や信託（Trust）等のプロベート回避手段の有無を確認し、それらがなければ、W州の裁判所を通じたプロベート手続（Probate）により、相続手続を行うことになります。
③ 日本の相続税が課されるほか、課税財産額ベースで一定額を超える額につき、米国の遺産税（連邦税・州税）や相続税（州税）が課される場合があります。

解説

1 準拠法の決定

(1) 準拠法の決定

被相続人が日本だけでなく外国に相続財産を所有していた場合には、まず、どの国の法律が相続手続の際に適用されるのかを考えなければなりません（準拠法の決定）。

日本では、法の適用に関する通則法36条により、「相続は、被相続人の本国法による。」とされています。「被相続人の本国法」とは、被相続人の相続開始時の国籍のある国の法律のことですので、被相続人が相続開始時に日本国籍を有する場合には、日本法に基づいて相続手続を行うことになります。この規定は、財産の種類や所在場所による準拠法の区別をしていませんので（相続統一主義といいます）、理論上、被相続人が日本国籍を保有する場合には、被相続人が所有している全財産について、国内外を問わず、日本法に則り、相続の手続を進めることができるように思えます。

(2) 米国W州の準拠法

一方、米国の国際私法では、相続財産の種類によって準拠法が異なります。具体的には、不動産の相続に関しては不動産の所在地国法が準拠法となり、動

産の相続に関しては被相続人の本国法または住所地法が準拠法になります（相続分割主義といいます）。本事例では，不動産の相続については，不動産の所在地である米国W州の法律が適用され，動産の相続については，本国および住所地法である日本法が適用されるように考えられます。

(3) 実務上の取扱い

このように見てみると，米国W州にある不動産に関する相続の準拠法は，日本法と米国法で抵触をしており，実務上どのように手続を進めるか悩ましい問題です。

この抵触について定まった解決方法はありませんが，ひとつの方法としては，被相続人が日本人であることから相続準拠法を日本法として，日本にある財産と同様に遺産分割協議書を作成し，それを英訳した上で，米国で手続を行う方法が考えられるところです。実際に，米国ハワイ州では，英訳した遺産分割協議書を提出することで（裁判所の手続を介してですが）相続手続を進めることができるといわれています。しかし，同じ米国の中でも州ごとに取り扱いは異なりますので，英訳した遺産分割協議書をもって米国に所在する財産の名義変更手続を進められるかどうかは定かではないのが現状です。

そのため，実務上は，米国W州にある不動産については，米国W州法に従って相続手続を進める方法を検討すべきです。また，動産についても同様に，財産が所在する米国W州の法律に則って手続を進めれば，手続が円滑です。なお，日本にある財産については，日本法に基づいて処理して問題ありません。

本事例に限らず，一般に，国際私法に基づいて定められる準拠法に従って手続を進めるよりは，相続財産が所在する国の法律・手続に則って処理を進めたほうが，スムーズに手続を進めることができると言われています。ヨーロッパで採用されている大陸法系統の法律体系を持つ国（日本の民法も大陸法の流れをくみます）とは異なり，米国をはじめ，英米法系の国では，プロベート手続（Probate）という裁判所を通じた相続手続が必要な場合があります。プロベート手続は，日本でいう相続財産管理人の手続（Q37参照）に類似する手続で，被相続人が残した財産をどのように分けるかについて，プロベート裁判所の監

督の下で行う法律手続です。プロベート手続においては，裁判所が，手続を代理する人格代表者（Personal Representative）を任命し，任命された人格代表者が，裁判所の監督の下，相続人・財産・債務の確定，遺産税の申告・納付，その他の遺産の管理清算，債務や費用の支払い，残った財産の分配等の手続を行います。この手続には1年から3年ほどかかるといわれていますし，現地の弁護士に業務を依頼する必要があるため，その弁護士費用も多額になりがちです。

(4) プロベート回避手段

以上のとおり，プロベート手続は非常に多くの時間と費用がかかりますので，相続が開始したときにプロベート手続を行わなくても財産の承継を行うことができる方法が多く開発されています。主なものとしては，ジョイントテナンシー（Joint Tenancy）や信託（Trust）があり，例えば，父AのW州の不動産が信託財産となっていれば，その受益者は比較的簡易な手続きで不動産を取得することが可能です。また，財産額が一定額以下などの理由により，プロベート手続を行う必要がない場合もあります。

したがって，私Cとしては，現地の専門家と協力した上で，父Aの財産の詳細を把握し，ジョイントテナンシーや信託等を設定していればその手続を，それがなければプロベート手続を行う必要があります。

2 相続税の取扱い

(1) 日本の相続税

被相続人が日本居住者である場合は，相続人の居住地や相続財産の所在地にかかわらず，相続人に対し，その相続人が相続により取得した全ての財産について日本の相続税が課されます。

したがって，本事例では，被相続人である父Aが日本居住者ですので，相続人である私Cの居住地や相続財産の所在地にかかわらず，私Cは相続により取得した父Aの日本所在財産及び米国W州にある不動産と預金について日本の相

続税の申告および納付をしなければなりません。

　なお，米国W州にある不動産と預金について米国で遺産税が課された場合は，両国において二重課税とならないように，その遺産税の額を日本の相続税の額から控除することができます（外国税額控除）。

　また，米国にある不動産については，日本の相続税の納付にあたって物納の対象となりません。

(2) 米国の遺産税

　米国の遺産税（連邦税）は，日本と違って被相続人が納税義務者となり，実際には，被相続人の遺産に係る人格代表者（Personal Representative）が申告・納税を行います。被相続人が米国非居住外国人である場合，米国所在財産のみ課税対象（預金については事業用である場合のみ課税対象）となり，課税財産額ベースで $60,000 の控除が認められます（*）。

　したがって，本事例では，被相続人である父Aは日本に住んでいる日本人ですから，相続財産のうち米国W州にある不動産と預金（事業用である場合）について，課税財産額ベースで $60,000 を超える額につき，米国の遺産税（連邦税）が課されます。

　なお，W州に州税としての遺産税や相続税の制度がある場合は，前述の遺産税（連邦税）のほか，州税としての遺産税や相続税が課される場合があります。

（*）日米租税条約により，一定の条件の下，$60,000 の控除額でなく，被相続人が米国市民・米国居住者である場合の控除額（2017年は $5,490,000，2018年は $10,000,000 をベースにインフレ調整をした額）の一定割合とすることが認められます。

STEP UP　海外に財産を所有する方の相続対策

　結局本事例では，私Cは米国W州の手続により米国の財産の相続手続を進めなければならず，私Cは父Aの相続手続に非常に大きな手間・時間・費用を要することになります。財産が多く残された場合，日本国内の財産の相続手続だけでもある程度の手間がかかりますが，海外財産が加わる場合はその比ではあ

りません。それでは，海外に財産を保有する父Aとしては，生前に何をしておけばよかったのでしょうか。

　海外に財産を所有する方の相続対策としてお勧めしているのが，財産が所在する場所で，その現地の法律に従い，その遺言を作成しておくということです。さらに，遺言執行者として，現地の弁護士を指定しておけば，よりスムーズに手続を進められます。その場合，日本で作成した遺言の内容から海外の財産を除外しておくこと（各遺言の効力が抵触しないようにするため）や所有する財産の内容を列挙しておくこと（海外の場合，遺産の詳細を把握するだけで時間を要することも多いため）も実務的には重要です。海外の場合，プロベート回避手段としてジョイントテナンシーや信託等を設定しておくこともお勧めします。加えて，不動産等の固定資産の場合には，相続人が全て日本在住で，海外に居住する予定がないのであれば，生前に売却し現金化してしまうことも選択肢として考えるべきです。

　たしかに，これらの準備は簡単にできるものではありません。しかし，何も準備しなかった場合に残された相続人が行わなければならない手間・時間・費用と比較すると，海外に財産を所有する人自身が費やす労力はその数分の1程度で済みます。海外財産をお持ちの人は，今すぐにでも相続対策をお勧めします。

Q40 外国籍の相続人がいる場合

| 関連条文 | 法の適用に関する通則法 36 条，民法 887 条，国籍法 11 条 1 項 |

事例

日本に住んでいる父Aが亡くなりました。父Aは日本国籍ですが，私Cの弟である二男Eは10年ほど前にアメリカ合衆国に移住し，3年前にアメリカの市民権を取得しました。弟も相続人となるのでしょうか。

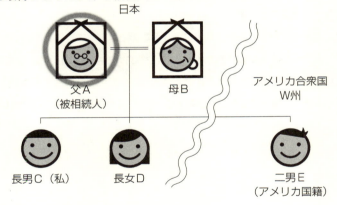

ポイント

① 二男Eについても相続人となります。被相続人である父Aが日本国籍の場合には，相続人の決定に関して，日本の民法が適用されることになり，日本の民法が相続人の国籍等を問題にせずに子が相続人になることを定めているので，外国籍の子も相続人になります。
② 二男Eも含めて，相続により財産を取得した者は，日本の相続税の申告及

び納付をしなければなりません。その場合、二男Eは日本で納税管理人を定める必要があります。二男Eが取得した財産の種類や金額によっては、国外転出（相続）時課税や米国での報告義務が課される場合があります。

解説

1 外国籍の相続人がいる場合の処理

相続人や被相続人に外国人が含まれている場合、そもそも、相続の手続等について、日本法（日本の民法等）が適用されるのかという準拠法の決定が問題となります。

相続に関する法律の適用についての基本的な考え方は、法の適用に関する通則法36条が「相続は、被相続人の本国法による。」と規定しているので、相続人に外国人が含まれていたとしても、被相続人が日本人であれば、日本法が適用されます。そして、民法887条1項は、「被相続人の子は、相続人となる。」としており、被相続人の子の国籍等を問題としていませんから、被相続人の子は、外国籍であっても相続人となります。

したがって、父Aが日本国籍の場合には、外国籍の二男Eについても相続人となります。

本事例では、二男Eは、米国の市民権を取得していますので、日本国籍は喪失していますが（国籍法11条1項）、このような外国籍の二男Eも父の相続に関して相続人となります。

2 相続人が外国籍の場合に生じる手続上の問題

相続人が外国籍の場合には、日本の戸籍等が存在しないことにより、相続人であることを示すための資料が別途必要になることがあります。例えば、米国の場合では、日本の戸籍に代えて身分関係を示すものとして宣誓供述書（Affidavit）を用いることができます。宣誓供述書とは，「私は，○○年○月○日出生の×××で，△△△に住んでいます。私は，●●年に死亡した□□□（■■年■月■日出生）の息子であることをここに誓います」というような内容が記載された書類（私文書）で，公証を受けて利用することになります（日本の公証役場，外国の居住地の領事館等いずれでも公証を受けることができますが，提出が予定されている国で公証を受けるのが手続の際に有用です）。外国籍の相続人は，このような宣誓供述書等を用いて相続人であることを示し，相続の手続を進めていくことになります。ただし，日本国籍を有していた者が他国の国籍を取得した場合には，日本国籍であった時に戸籍に入っているため，相続人であることを示す書類として，宣誓供述書ではなく戸籍を利用することができる場合もあります。

　また，外国に居住する相続人は，日本の相続手続に必要な印鑑証明書や住民票を持っていませんが，これらの書類については印鑑証明書の代わりにサイン証明（署名証明）を用い，住民票の代わりに在留証明を使用することができます。サイン証明とは，日本に住民登録をしていない，海外在留の日本人に対し，印鑑証明書に代わるものとして日本での手続のために発行される書類で，申請者の署名が確かに領事の面前でなされたことを証明するものです。在留証明とは，外国のどこに住所を有しているかを証明するものです。これらの書類は，海外居住地の在外公館（大使館や総領事館）へ本人が出向いて取得することができます。

　日本国籍がない場合には，原則として，在留証明やサイン証明を取得できませんので，宣誓供述書等によって，それらの証明をすることになります。

3　相続税の取扱い

(1)　日本の相続税

　被相続人が日本居住者である場合は，相続人の国籍や居住地・相続財産の所在地にかかわらず，相続人に対し，その相続人が相続により取得した全ての財

産について日本の相続税が課されます。

　したがって，本事例では，被相続人である父Ａが日本居住者ですので，相続人である私Ｃ・長女Ｄおよび二男Ｅの国籍や居住地・相続財産の所在地にかかわらず，私Ｃ・長女Ｄおよび二男Ｅは，相続開始があったことを知った日の翌日から 10 か月以内に，相続により取得した財産の全てについて日本の相続税の申告および納付をしなければなりません。

　なお，二男Ｅは日本の非居住者ですから，二男Ｅは日本に住所または居所を有する者のなかから納税管理人を定めなければなりません。そして，二男Ｅによって選任された納税管理人が日本の相続税の申告および納付をすることとなります。

(2)　国外転出（相続）時課税

　日本居住者で，時価１億円以上の有価証券等（＊）を保有しており，かつ，直近の過去 10 年以内に５年超日本に居住している者が，2015 年７月１日以後に有価証券等を相続・遺贈により日本の非居住者に移転した場合には，その有価証券等を時価で譲渡したものとみなして，含み益に対して所得税が課されます。

　したがって，父Ａが時価１億円以上の有価証券等を保有しており，かつ，その有価証券等を日本の非居住者である二男Ｅが相続により取得したとしたら，その場合には，その有価証券等を父Ａが時価で譲渡したものとみなして，含み益に対して所得税が課されます。被相続人である父Ａの所得税の申告（準確定申告）は，相続開始から４か月以内に相続人である私Ｃ・長女Ｄおよび二男Ｅが行わなければなりません。

　なお，この所得税の額は，上記(1)の日本の相続税の計算上，債務控除の対象となります。

　　（＊）所得税法に規定する有価証券（上場株式・非上場株式，公社債，投資信託など），匿名組合契約の出資持分，未決済の信用取引または発行日取引，および未決済のデリバティブ取引をいいます。

(3)　米国の遺産税

　米国の遺産税（連邦税）は，日本と違って被相続人が納税義務者となり，実

際には，被相続人の遺産に係る代表者（Personal Representative）が申告・納税を行います。被相続人が米国非居住外国人である場合，米国所在財産のみ課税対象となります。

したがって，本事例では，被相続人である父Aは日本に住んでいる日本人であり，相続財産は全て日本所在財産ですから，米国の遺産税（連邦税）は課されません。

(4) 米国での報告義務

米国市民および米国居住者は，米国非居住外国人から$100,000を超える財産を相続または贈与により取得した場合は，その旨をIRSに報告しなければなりません（Form 3520）。

したがって，二男Eは，相続により取得した財産の額がドル換算した結果$100,000を超えるようであれば，米国の所得税の申告時にForm 3520をあわせて提出する必要があります。

索　引

[あ]

遺骨 ……………………………………… *7*
遺言検索システム ……………………… *5*
遺言執行者 …………………………… *160*
遺言相続 …………………………… *4, 18*
遺言代用信託 …………………………… *88*
遺言による信託 ………………………… *88*
遺産税 …………………………… *240, 245*
意思能力 ……………………………… *69*
委託者 ………………………………… *87*
一応の相続分 ………………………… *138*
一身専属権 ……………………………… *7*
遺留分 ………………………………… *187*
遺留分減殺請求権の時効 …………… *205*
遺留分算定の基礎となる財産 ……… *201*
遺留分侵害額 ………………………… *201*
延納 …………………………………… *9, 64*

[か]

家業従事型 …………………………… *150*
仮分割の仮処分 ……………………… *16*
換価分割 ……………………………… *12*
基礎控除額 ………………………… *4, 36*
危難失踪 ……………………………… *217*
教育資金（の）一括贈与 ……… **29**, *112*
教育費 ………………………………… *28*

[き]

共有分割 ……………………………… *12*
寄与分 ………………………………… *148*
継続的根保証契約 …………………… *124*
血族相続人 …………………………… *18*
限定承認 ……………………………… *106*
検認 …………………………… *5, 46, 54,* **177**
検認済み証明書 ………………………… *5*
現物分割 ……………………………… *12*
後継遺贈 …………………………… *58, 88*
後見制度支援信託 …………………… *211*
公正証書遺言 ………………………… *5, 51*
香典 …………………………………… *7*
国外転出（相続）時課税 …………… *245*
固定資産税評価 ……………………… *133*

[さ]

財産管理型 …………………………… *149*
財産給付型 …………………………… *149*
祭祀財産 ……………………………… *7*
祭祀に関する権利 …………………… *122*
債務控除 ……………………………… *102*
サイン証明 …………………………… *244*
死後離縁 ……………………………… *40*
事実上の相続放棄 ………………… *11, 98*
失踪宣告 ……………………………… *217*
使途不明金 …………………………… *145*

247

自筆証書遺言 ………… *4, **42**, 176, 179*	相続財産 ………………………… *6, 118*
死亡退職金 ……………………… *118*	相続財産管理人 ………………… *225*
受益者 …………………………… *87*	「相続させる」旨の遺言 ……… *76, 187*
受益者指定権 …………………… *91*	相続時精算課税制度 …………… *141*
受益者連続型信託 …………… *60, **88***	相続税の計算方法 ……………… *36*
熟慮期間 ………………………… *98*	相続税評価 ……………………… *133*
受託者 …………………………… *87*	相続統一主義 …………………… *237*
取得費加算の特例 …………… *15, **65***	相続分 …………………………… *168*
準確定申告 ……………………… *9*	相続分割主義 …………………… *238*
準拠法の決定 ………………… *232, 237*	相続分の譲渡 …………………… *168*
ジョイントテナンシー ………… *239*	相続放棄 ………………………… *97*
小規模宅地等の特例 …………… *65*	贈与税の時効 …………………… *173*
証人 ……………………………… *53*	[た]
人格代表者 ……………………… *239*	代襲相続 ………………………… *19*
親権者変更 ……………………… *40*	代償財産 ………………………… *14*
信託 ………………………… ***86**, 239*	代償分割 ………………………… *12*
信託と遺留分 …………………… *92*	特別縁故者 ……………………… *226*
裾分け遺贈 ……………………… *75*	特別寄与料 ……………………… *158*
生計の資本としての贈与 ……… *137*	特別受益 ………… *32, 115, **137**, 163, 174*
成年後見監督人 ……………… *72, 211*	特別受益証明書 ………………… *98*
成年後見制度 …………………… ***71**, 207*	特別代理人 …………………… *209, 221*
成年後見人 …………………… *71, 197, 207*	特別養子 ………………………… *19, 23*
生命保険金 …………………… *119, 163*	特例贈与 ………………………… *187*
宣誓供述書 ……………………… *243*	[な]
葬式費用 ………………………… *122*	二次相続 ………………………… *67*
相次相続控除 …………………… *103*	任意後見契約 …………………… *72*
相続欠格 ……………………… *19, **80***	任意後見受任者 ………………… *72*

認知 …………………………………………… 6
納税管理人 …………………………………… 233

[は]

配偶者 ………………………………………… 18
配偶者居住権 ………………………………… 152
配偶者相続人 ………………………………… 18
配偶者短期居住権 …………………………… 153
配偶者に対する税額の軽減 ………………… 65
廃除 ………………………………… 6, 19, **80**, 186
長谷川式スケール …………………………… 70
非嫡出子 ……………………………………… 21
付言事項 ……………………………………… 49
不在者財産管理人 …………………………… 214
負担付き遺贈 ………………………………… 75
負担付き相続 ………………………………… 76
普通失踪 ……………………………………… 217
普通養子 ………………………………… 19, 23
物納 ……………………………………… 9, 64
不動産鑑定 …………………………………… 132
扶養型 ………………………………………… 149
扶養義務者 …………………………………… 28
プロベート手続 ……………………………… 237
法定血族 ……………………………………… 24
法定相続 ………………………………… 4, 18
法定相続人 …………………………………… 18
法定相続分 …………………………………… 20
保証債務 ……………………………………… 123

[ま]

未成年後見人 ………………………………… 40
みなし譲渡 …………………………………… 110
みなし相続財産 …………………… 120, 122, 150
身元保証契約 ………………………………… 125
名義預金 ……………………………………… 111
持戻し免除の意思表示 ……………………… 140

[や]

養子 …………………………………………… 23
養子縁組 ……………………………………… 35
養親子関係 …………………………………… 24

[ら]

利益相反行為 ……………………… 72, 209, **221**
療養看護型 …………………………………… 149
暦年贈与 ……………………………………… 112
連帯債務 ……………………………………… 8

249

［執筆者紹介］

弁護士法人Y＆P法律事務所

　　　平良　明久（弁護士）

　　　奥村　暁人（弁護士）

　　　田中　康敦（弁護士）

　　　鈴木　啓一（弁護士）

　　　伊藤　彰紀（弁護士）

税理士法人山田＆パートナーズ

　　　萱嶋　一秀（税理士）

　　　内山　幸久（税理士）

　　　伊佐　明浩（税理士）

　　　川上　明季

　　　盛　　一也（弁護士）

　　　米田　　豊（弁護士）

［法人紹介］

弁護士法人Y＆P法律事務所

〒100-0005　東京都千代田区丸の内1-8-1

丸の内トラストタワーN館8階（受付9階）

　TEL：03-6212-1663

　URL：http://www.yp-law.or.jp/

税理士法人山田＆パートナーズ
東京本部

〒100-0005

東京都千代田区丸の内1-8-1

丸の内トラストタワーN館8階（受付9階）

TEL：03（6212）1660

URL：https://www.yamada-partners.gr.jp/

■国内拠点

　札幌事務所，盛岡事務所，仙台事務所，北関東事務所，横浜事務所，新潟事務所，金沢事務所，静岡事務所，名古屋事務所，京都事務所，大阪事務所，神戸事務所，広島事務所，福岡事務所

■海外拠点

　シンガポール，中国（上海），ベトナム（ハノイ），アメリカ（ロサンゼルス・ニューヨーク）

著者との契約により検印省略	
平成30年4月1日　初　版　発　行 平成30年7月1日　初版第2刷発行	**相続の仕事の現場で使える 民法**

著　者	弁護士法人Y&P法律事務所 税理士法人山田&パートナーズ
発行者	大　坪　克　行
印刷所	株式会社技秀堂
製本所	牧製本印刷株式会社

発 行 所	東京都新宿区 下落合2丁目5番13号	株式 会社 税務経理協会

郵便番号 161-0033　振替 00190-2-187408　電話(03)3953-3301(編集代表)
　　　　　　　　　　　　　　　　FAX(03)3565-3391　(03)3953-3325(営業代表)

URL http://www.zeikei.co.jp/

乱丁・落丁の場合はお取替えいたします。

ⓒ 弁護士法人Y&P法律事務所　　2018　　　Printed in Japan
　 税理士法人山田&パートナーズ

本書の無断複写は著作権法上での例外を除き禁じられています。複写される
場合は，そのつど事前に，(社)出版者著作権管理機構(電話03-3513-6969，
FAX 03-3513-6979, e-mail : info@jcopy.or.jp)の許諾を得てください。

JCOPY 〈(社)出版者著作権管理機構　委託出版物〉

ISBN978-4-419-06496-9　C3032